Ole Petras (Hrsg.)
Poetische Konturen

Poetische Konturen
Materialien zu 20 Jahren Kieler Liliencron-Dozentur für Lyrik

Herausgegeben von Ole Petras

Ludwig

Bibliografische Information der Deutschen Nationalbibliothek
Die Deutsche Nationalbibliothek verzeichnet diese Publikation in
der Deutschen Nationalbibliografie; detaillierte bibliografische
Daten sind im Internet über http://dnb.dnb.de abrufbar.

Das Werk ist in allen seinen Teilen urheberrechtlich geschützt.
Jede Verwertung ist ohne Zustimmung des Verlages unzulässig.
Das gilt insbesondere für Vervielfältigungen, Übersetzungen,
Mikroverfilmungen und die Einspeicherung und Verarbeitung
durch elektronische Systeme.

© 2018 by Verlag Ludwig
Holtenauer Straße 141
24118 Kiel
Tel.: 0431-85464
Fax: 0431-8058305
info@verlag-ludwig.de
www.verlag-ludwig.de

Gedruckt auf säurefreiem und alterungsbeständigem Papier
Printed in Germany

ISBN 978-3-86935-340-1

Inhalt

Ich sollt mich doch freun! Zu diesem Band 9
Ole Petras

*20 Jahre Liliencron-Dozentur. Persönliche
Erinnerungssplitter* 14
Wolfgang Sandfuchs

Die Welt in Kiel. Grußwort 18
Bernd Auerochs

*»Vielleicht bleibt am Ende ein Geheimnis.«
Dichtergeschichten* 20
Ruth Bender

20 Jahre – 20 Fragen

Von Neugier und Aufbruchslust 27
20 Fragen an Heinrich Detering

Das Ende ist mit Glück ein Anfang 34
20 Fragen an Doris Runge

Schmetterlingsgleich, schwalbengleich 37
20 Fragen an Dirk von Petersdorff

Meine Dichtung ist mein Geist 44
20 Fragen an Arne Rautenberg

Lob des Fragens 51
20 Fragen von PeterLicht

Die DozentInnen

1997 | Doris Runge 56
von Gesa Mentel

1998 | Raoul Schrott 58
von Birger Niehaus

1999 | Dirk von Petersdorff 60
von Florian Biedermann

2000 | Thomas Rosenlöcher 62
von Maike Koch

2001 | Harald Hartung 64
von Yvonne Hallmann

2002 | Dagmar Leupold 66
von Maike Koch

2003 | Ilma Rakusa 68
von Ines Lenkersdorf, Jil Sahm

2004 | Oskar Pastior 70
von Florian Biedermann

2005 | Ulrike Draesner 72
von Irena Schön

2006 | Michael Lentz 74
von Gesa Mentel

2007 | Brigitte Oleschinski 76
von Emma Göttle, Cara Turkowski

2008 | Marcel Beyer 78
von Vivian Sester

2009 | F. W. Bernstein 80
von Katharina Schönherr

2010 | Franz Josef Czernin 82
von Elena Kruse

2011 | Nora Gomringer 84
von Cara Turkowski

2012 | Heinrich Detering 86
von Nikolai Ziemer

2013 | Arne Rautenberg 88
von Emma Göttle

2015 | Monika Rinck 90
von Susanne Motsch

2016 | Elke Erb 92
von Jil Sahm

2018 | PeterLicht 94
von Ines Lenkersdorf

Literatur- und Bildnachweise 96

Dank 97

Tafel der Förderer und beteiligten Institutionen 98

Ich sollt mich doch freun! Zu diesem Band

Ole Petras

»Mein fortgeschrittenes Paradies« nennt Detlev von Liliencron sein »Vaterstädtchen« Kiel, dem er um 1900 ein literarisches Denkmal setzt. Vom alten Kiel ist wenig geblieben, so der Tenor des in eleganten Reimpaaren parlierenden Gedichts: »Wo früher mein Elternhaus stand, / Fand ich nun eine steinerne Wand.« Und noch schlimmer: »Selbst da, wo ichs erste Mädel geküßt, / Hat eine Kirche hingemüßt.« Wie visionär diese Zeilen sind, zeigt ein Gang durch das Kieler Einkaufszentrum Sophienhof. Eine winzige Plakette am Eingang Karstadts erinnert an das Geburtshaus des Dichters.

Aber man unterschätze den verarmten Aristokraten und unverbesserlichen Lebemann Liliencron, läse man diese Verse nur als sentimentale Beschwörung der verlorenen Heimat. Sind es doch gerade die titelgebenden »Wandlungen«, die das lyrische Ich als notwendige Folge der aufziehenden Moderne seufzend begrüßt:

> Ich sollt mich doch freun, daß auch meine Stadt
> Sich regte und hob aus dem ewigen Matt,
> Daß sie sich dehnte, sich umsah und streckte
> Und die schlummernden Keime weckte.

Es ist kaum eine treffendere Umschreibung für den Gegenstand des vorliegenden Bandes zu finden als in diesen Versen. Die im Namen des Holsteiner Dichters verliehene Dozentur dehnt und streckt sich, um die Keime einer 1997 wie heute schlummernden Begeisterung für

Lyrik zu finden und zu hegen. Alljährlich begegnet sie dem (selbstredend metereologisch zu verstehenden) »ewigen Matt« der Landeshauptstadt mit dem Glanz der Poesie, lässt Worte zu Wort kommen und gewährt einen Blick in die Werkstätten der ausgezeichneten AutorInnen.

Zwanzig DichterInnen wurden seit Gründung der Kieler Liliencron-Dozentur für Lyrik eingeladen, um ihre Poetik, ihre lyrische Kunst dem Publikum zu präsentieren. Zwanzig Jahre lang erbrachte die Zusammenarbeit des Literaturhauses Schleswig-Holstein und des Instituts für Neuere Deutsche Literatur und Medien der Christian-Albrechts-Universität den unmittelbaren Beweis, dass Kiel »mitgeht mit der Zeit / Und sich vom Schlendrian befreit.«

Zwanzig Poetiken aus allen Bereichen deutschsprachiger Lyrikproduktion zeigen nicht nur eine Vielstimmigkeit des Feldes auf, sondern dokumentieren eine anhaltende Bereitschaft der KielerInnen, sich auf das jeweilige Sprachspiel einzulassen, die eigene Weltsicht durch Lyrik zu verwandeln. Es ist gewiss eine lange Zeit. Und wenige ZuhörerInnen werden alle Dozenturen miterlebt haben. Eine Rückschau verfolgt damit nicht nur das Ziel, das Erreichte zu feiern, sondern soll auch das Vergangene lebendig machen, soll den diskreten Reichtum der Stadt zutage fördern.

Die diesem Band zugrunde liegende Sonderausstellung im Literaturhaus Schleswig-Holstein ist das Werk von Studierenden der CAU Kiel. Ein im Wintersemester 2017/18 abgehaltenes Projektseminar im Masterstudiengang Gegenwartsliteratur/Literaturvermittlung stellte sich die Aufgabe, zwanzig Jahre Liliencron-Dozentur anschaulich zu machen. Wie, so unsere leitenden Fragen, können sämtliche DozentInnen in visuell ansprechender Form erinnert und zugleich neue Perspektiven eröffnet werden? Auf welche Weise lassen sich nicht nur Verbindungslinien zwischen den poetisch wie poetologisch unterschiedlichen PreisträgerInnen ziehen, sondern auch solche in Richtung des Freiherrn von Liliencron?

Eine erste Antwort lieferte die Reflexion auf die Gegebenheiten des Literaturbetriebs, der durch Preise und Stipendien nicht nur ökonomisch wirkt, sondern vor allem symbolische Bedeutung stiftet. Die Gruppe der Liliencron-DozentInnen offenbart in diesem Sinne ein großes Spektrum von Persönlichkeiten wie von Prominenz. Mit Marcel Beyer und dem 2006 verstorbenen Oskar Pastior hat die Deutsche Akademie für Sprache und Dichtung mittlerweile schon zwei Liliencron-Dozenten mit dem Büchner-Preis ausgezeichnet. Die im Seminar mehr probehalber zusammengestellte Liste von Würdigungen *unserer* DozentInnen las sich wie ein Verzeichnis gegenwärtig vergebener Literaturpreise. Dass die Liliencron-Dozentur nach wie vor die einzige nur der Lyrik vorbehaltene Auszeichnung Deutschlands ist, spricht für sich.

Eine zweite Antwort, ein zweiter Zugang führte über das Medium Literaturausstellung. Der von Walter Benjamin beschriebene Verlust einer *Aura* des Kunstwerks im Zeitalter technischer Reproduktion betrifft die Literatur seit jeher. Einen Text auszustellen ist, sofern es sich nicht um ein wertvolles Manuskript handelt, eher langweilig. Gleichzeitig wäre es müßig, eine Aussage der betreffenden Dichterin, des betreffenden Dichters in Erläuterungen und Kommentaren zu verdoppeln. Wir haben uns entschieden, die AutorInnen selbst zu Wort kommen zu lassen: mit einem kurzen poetologischen Statement, einem Gedichtauszug – und kombinieren diese mit einer biografischen oder werkbiografischen Anekdote, die optimal hilft, die Schwelle zum Werk zu senken. Die Texte befinden sich nun nicht in konventionellen Rahmen, sondern sind auf großformatige Bücher aufgebracht. An die Stelle der *Aura* eines Originals tritt so das Dichterwort und der papierene Charme des Mediums Buch.

Im Fokus unserer theoretischen Vorarbeiten stand nicht zuletzt das Werk Detlev von Liliencrons, der, obschon ein Leben lang von Geldsorgen geplagt, gerade in seinen letzten Jahren als Wegbereiter der literarischen Moderne von so prominenten Autoren wie Thomas Mann, Rainer Maria Rilke oder Gottfried Benn gefeiert wurde. Liliencron ist in gewisser Weise ein idealer Namensgeber, nicht weil die in seinem Namen ausgezeichneten AutorInnen allesamt prekär lebten, sondern weil er einer der ersten Akteure des literarischen Feldes in Deutschland ist: ein Berufsschriftsteller, der die Bedingungen seiner Freiheit sehr früh und klug reflektiert. (Nachzulesen u. a. in dem bitterbösen Poem »Dichterlos in Kamtschatka« von 1889.)

Liliencrons Werk zeichnet ein hohes Formbewusstsein aus und eben diese Sensibilität für sein Material, die Sprache, war uns Leitlinie im Umgang mit den Werken der DozentInnen. Der Titel unserer Ausstellung benennt den Versuch, einerseits die Konturen unterschiedlicher Poetiken nachzuzeichnen, andererseits der Liliencron-Dozentur selbst eine Kontur zu geben, die notwendig alle versammelten Werke und AutorInnen umgreift. Der von Liliencron »so sehr, so sehr geliebte« und entsprechend emphatisch bedichtete Theodor Storm liefert das Stichwort, wenn er in dem späten Gedicht »Lyrische Form« schreibt:

> Die Form ist nichts als der Kontur,
> Der den lebend'gen Leib beschließt.

Im Kontext unserer Ausstellung gewinnen Storms Verse zusätzliche Bedeutung. Denn eine Dozentur wie die unsrige zeichnet nicht die Worte oder Werke selbst aus, sondern knüpft sich an deren Urheber. Die Autorinnen und Autoren erscheinen »lebend'gen Leibes«, um Lob und Anerkennung entgegenzunehmen und Auskunft zu geben. Sie stehen ein für ihre Poesie und Poetik, verbinden mit dem Besuch in Kiel aber gleichfalls eigene Eindrücke, eigene biografische Situationen, Werk- und Lebensphasen.

Um die Geschichte des Preises zu schreiben, müssen demnach auch die PreisträgerInnen zu Wort kommen. Unter der Überschrift *20 Jahre – 20 Fragen* erzählen vier ehemalige Liliencron-DozentInnen von ihren Erfahrungen in Kiel: Heinrich Detering, der die Dozentur in seiner Zeit als Inhaber eines Lehrstuhls für Neuere Deutsche Literatur an der CAU initiierte und diese 2012 selbst erhielt; Doris Runge, die als erste Preisträgerin die Reihe der Liliencron-DozentInnen anführt; Dirk von Petersdorff, der als gebürtiger Kieler 1999 in seine Heimatstadt und an seine Alma Mater zurückkehrte, um über seine Kunst zu sprechen; schließlich Arne Rautenberg, der 2013 ausgezeichnet wurde und als freier Schriftsteller mit dem Literatur- und Lyrikbetrieb der Zeit bestens vertraut ist.

Ergänzt wird dieses Kapitel durch ein Interview des aktuellen Dozenten PeterLicht, der die Seiten wechselt und 20 Fragen an die LeserInnen dieses Buches stellt. Die Seiten gewechselt hat damit gewissermaßen auch die Dozentur, wenn sie ihren ohnehin reichhaltigen Formenkatalog um die Song-Poetry des in Köln lebenden Musikers erweitert. Dass die genannten 20 Fragen dem 2014 erschienen Band *Lob der Realität* (Blumenbar bei Aufbau) entnommen sind, schlägt darüberhinaus einen Bogen zum Jubiläum der Dozentur, die, mit Liliencron gesprochen, poetische »Wandlungen« zu ihrem Programm macht:

> Ich atmete tief auf und wischte den Schweiß
> Aus Augen und Stirn nach errungenem Preis
> Und sah mich um und erstaunte viel,
> Daß Freuden die Welt hat und munteres Spiel.

In diesem Sinne ist allen BesucherInnen der Ausstellung wie LeserInnen dieses Bandes eine hoffentlich anregende Lektüre zu wünschen – und der Dozentur weitere 20 muntere Jahre!

Dr. Ole Petras
Kiel, im Januar 2018

20 Jahre Liencron-Dozentur.
Persönliche Erinnerungssplitter
Wolfgang Sandfuchs

Da kniete er umgeben von vielen großzügig beschriebenen weißen Blättern vor mir, der Dichter, und erbat noch 10 Minuten Aufschub. Er müsse den Vortrag nur noch zusammenstellen, erklärte er mit wohltuend ruhiger warmer Stimme, sächselnd und ohne aufzuschauen, und sortierte die Blätter auf drei Stapel. An der Rezeption war mir gesagt worden, ich solle bitte zu Herrn Rosenlöcher aufs Zimmer kommen, und da stand ich nun, reichlich nervös und selbst ein wenig spät dran für die erste von drei Liliencron-Vorlesungen in der Universität, die erste von Thomas Rosenlöcher, die erste für mich nach meinem Wechsel in das Literaturhaus Schleswig-Holstein. Der Dresdner Dichter hielt die Zeit ein. 10 Minuten, dann griff er den nächst gelegenen Stapel vor sich und auf ging es zu dem Vorlesungsdreiklang unter dem verheißungsvollen Titel »Das Murmeln von Worten im Gehen«: »Probemurmeln«, »Rückwärtsmurmeln«, »Weitermurmeln«. Es wurde eine faszinierende und lebhafte Woche im Rosenlöcherschen Lyrikuniversum, die mit einer Diskussion über Poesie im geteilten und vereinten Deutschland endete: »Ostgezeter, Westgejammer«.

Das war im Jahr 2000, die vierte Kieler Liliencron-Dozentur nach jenen von Doris Runge, Dirk von Petersdorff und Raoul Schrott, Dichter, die ich in späteren Jahren bei Lesungen kennenlernen durfte. Damals bestand die Liliencron-Dozentur aus drei Vorlesungen in einer Woche, einem Kolloquium für Studierende und einem abschließenden Diskussionsabend, eine volle lyrische Woche im Juni, die bis 2002 noch stark mit dem Namen Heinrich Detering verknüpft war. Zusammen mit meinem Vorgänger Michael Roesler-Graichen war er Erfinder dieser einzigen der Lyrik vorbehaltenen Poetikvorlesung in Deutschland. Ab 2002 kam zu dem universitären Programm eine Werklesung der Dozenten hinzu, »Querbeetlesung« nannte Oskar Pastior das später. Dieses mehr dem Literaturhaus gemäße Format bietet das einmalige Erlebnis, einen Dichter von seinen Anfängen bis hin zu den aktuellsten Publikationen und noch unveröffentlichten Gedichten zu verfolgen, ein gut einstündiger lyrischer Parforceritt, ausgewählt, gelesen und kommentiert vom Dichter. Das legte den Grund für das Kieler Publikum (Literaturwissenschaftler und Studierende wie interessierte Bürger), an den Folgetagen die poetologischen Selbstvergewisserungen in den Vorlesungen der unterschiedlichsten deutschsprachigen Dichter kennenzulernen und am letzten Tag zu diskutieren. Die Studierenden konnten ihre Eindrücke in einem Seminar, ich selbst sie in der persönlichen Begleitung vertiefen.

Da war Oskar Pastior, von Chlebnikov, Petrarca und Baudelaire vorlesend, zwei Jahre vor seinem Tod und innerlich ganz mit einem bevorstehenden Besuch in seinem ehemaligen sowjetischen Arbeitslager befasst, der später in dem Nobelpreisroman »Atemschaukel« von Herta Müller verdichtet wurde. Oder Ulrike Draesner, später wiederholt mit ihren Romanen und mit einem denkwürdigen gemeinsamen Auftritt mit der französischen Oulipistin Michel Metail im Literaturhaus zu Gast, deren lyrisches Spiel mit Rhythmus und Sprachklang, Wortklang und Assoziation irritierte, faszinierte, berührte und zeigte, was Sprache zulassen kann. Oder Ilma Rakusa, in ihrer Lyrik streng und konzentriert die poetische Sprache bearbeitend, seit der Kindheit in mehreren Kulturen zu Hause und als Übersetzerin der Tradition der europäischen Moderne von Achmatova über Duras bis Kertész verpflichtet, streng auch im poetischen Urteil, immer in Schwarz gekleidet und zugleich die Liebenswürdigkeit und Lebendigkeit in Person.

Mit der zehnten Dozentur, bei der Michael Lentz die deutsche Gegenwartslyrik in »Brave Torhüter und hängende Spitzen?« teilte und betrübt der Niederlage Deutschlands gegen Italien bei der Heim-

WM zusehen musste, änderte sich das Format der Dozentur. Der Werklesung zum Auftakt schlossen sich nurmehr eine Vorlesung, ein Seminarbesuch und eine Abschlussveranstaltung mit einem selbstgewählten Gast der Dichter an. Die Zeiten hatten sich geändert. Eine ganze lange Woche der Lyrik schien Luxus, mit dem Formatwechsel konzentrierte sich das Programm auf drei, manchmal nur zwei Tage. Die Verschulung und Verdichtung der Lehre in der Universität ließ keinen Platz für solch zeitintensive Extravaganzen. Kurzer, nicht langer Atem ist seither das Gebot. Die zeitliche Einschränkung kam auch der wackliger gewordenen Finanzierung des Unternehmens nach dem Verlust des Sponsors *kunst:raum sylt:quelle* entgegen. Hinzu kam, dass der an sich erfreuliche Boom von Literaturveranstaltungen, der nach dem Jahr 2000 sukzessive einsetzte, die Planung für die Wunschdozenten immer häufiger schwierig gestaltete. Wo im vollen Terminplan war eine ganze Woche Kiel unterzubringen? Die Neigung zur Verkürzung unterstützte noch, dass mit dem Formatwechsel auch ein Terminwechsel vom Sommer- ins Wintersemester, vom schönen Juni in den regnerischen November einherging.

Marcel Beyer etwa kannte diese Kieler November gut, hatte er sie doch in seiner Kindheit einige Jahre erleben dürfen, und dieses Kiel war in seiner Vorlesung auch Fluchtpunkt eines literarisch-kriminalistischen Feuerwerks. Das galt nicht minder für Heinrich Detering, der nach seinem Wechsel nach Göttingen vom Erfinder der Dozentur zu ihrem Protagonisten wurde und zur Überraschung aller für seine Werklesung auch einen dünnen Lyrikband aus frühen Studentenzeiten ausgrub. Auch dem Durch-und Durch-Kieler Arne Rautenberg war der hiesige November nicht fremd. In seiner Werklesung fanden neben meisterhaft performtem Sprachspiel, »ernsthafter« Lyrik und Kindergedichten auch seine Projektionen von Wortinstallationen, Kreisgedichten und Aktionen viel Anklang. Bildhaft und fröhlich ging es auch in Lesung wie Vorlesung von F. W. Bernstein zu, seine ›Projektionen‹ bedurften allerdings nur einer Flipchart und sie entstanden live gezeichnet. Mancher nahm ein signiertes Stück Papier als Souvenir mit nach Hause, wem das nicht vergönnt war, nahm zur Erinnerung sicher ein paar Zeilen mit:

*Horch – ein Schrank geht
durch die Nacht,
voll mit nassen Hemden
den hab' ich mir ausgedacht,
um euch zu befremden.*

Und schon die erwarteten drei Seiten gefüllt, fehlt vieles, ist das meiste nur angerissen. Drei Seiten sind für Erinnerungen an 17 Liliencron-Dozenturen einfach zu wenig – zu wenig, um alle präsentierten Facetten des Unternehmens Lyrik in Kiel einzuholen, die eher experimentierenden und eher traditionellen Formen der Dichtkunst angemessen zu würdigen, die ganz eigenen Stimmen jeder Dozentin, jedes Dozenten im lyrischen Werk, im Reflektieren des Dichtens und im persönlichen Begegnen hervorzuholen. So bleiben hier Erinnerungssplitter und ein wenig Formatgeschichte, um auf die Dokumentation gespannt zu machen, die Studierende der »Gegenwartsliteratur und Literaturvermittlung« in der CAU zusammengetragen haben, um 20 Jahre Lililencron-Dozentur zu vergegenwärtigen. Diesem Unternehmen wünsche ich allen Erfolg.

*Dr. Wolfgang Sandfuchs
Literaturhaus Schleswig-Holstein*

Die Welt in Kiel. Grußwort

Bernd Auerochs

1997 wurde Doris Runge, heute die Doyenne der Dichtung in Schleswig-Holstein, etwas übertragen, was es zuvor noch nie gegeben hatte. Sie wurde die erste Inhaberin der Liliencron-Poetik-Dozentur für Lyrik – nur und ausschließlich für Lyrik. Der Name der Dozentur war Programm. Mit der Erinnerung an Detlev von Liliencron, den Kieler Dichter mit überregionaler Bedeutung für die deutschsprachige Lyrik der Moderne, sollte Kiel als bedeutsamer Ort für die deutschsprachige Lyrik der Gegenwart auf der Landkarte des literarischen Lebens etabliert werden. Das ist, wie die beeindruckende Namensliste der Liliencron-DozentInnen zeigt, gelungen. Es schließt sich ein Kreis, wenn Doris Runge, die erste Liliencron-Dozentin, im Januar 2018 an den Ort ihrer Ehrung zurückkehren und an einem Podiumsgespräch über die Geschichte der Liliencron-Dozentur teilnehmen wird.

Das Format der Liliencron-Dozentur hat sich in den zwanzig Jahren ihres Bestehens auch gewandelt; so wurde aus einer Reihe mehrerer Poetik-Vorlesungen, die die Liliencron-DozentInnen vortrugen, eine einzige komprimierte Vorlesung. Konstant jedoch blieben die drei Säulen der Dozentur: Lesung und Podiumsgespräch im Literaturhaus, Vorlesung an der Universität. Da die Dichter nicht erst seit gestern das Belehren scheuen, ging es im gutgefüllten Hörsaal an der Olshausenstraße häufig nicht sehr akademisch zu. Ich erinnere mich an den energiegeladenen Auftritt der jungen Nora Gomringer im Herbst 2011, die im Gestus des Auskunftgebens über die eigene Poetik doch mit ebensoviel Poesie das Publikum ansteckte wie am Abend zuvor bei ihrer Lesung im Literaturhaus. Oder an Arne Rautenberg, der Einblicke in die Innenseite des Dichtens für Kinder gab.

Die Liliencron-Dozentur mit ihrer zwanzigjährigen Geschichte ist ein gelungenes Beispiel für die Zusammenarbeit eines universitären Instituts mit einer sehr lebendigen Institution des literarischen Lebens in Schleswig-Holstein, dem Literaturhaus im Schwanenweg – aktiv gefördert und mit einer unverzichtbaren monetären Basis versehen durch das Land Schleswig-Holstein und private Sponsoren. Gewiss mag man sagen, es war nur die Welt der Dichtkunst, aber es war doch schön zu sehen, wie Jahr für Jahr die Welt in Kiel vorbeischaute. Möge der von Ole Petras und den StudentInnen des Instituts für neuere deutsche Literatur und Medien kundig erarbeitete Band *Poetische Konturen* allen Interessierten Gelegenheit zur Rückschau auf zwanzig Jahre Poesie und Poetik der Gegenwart in Kiel geben. Und mögen der Liliencron-Dozentur noch viele weitere produktive Jahre beschert sein.

Professor Dr. Bernd Auerochs
Institut für Neuere Deutsche Literatur
und Medien der CAU Kiel

»Vielleicht bleibt am Ende ein Geheimnis.« Dichtergeschichten

Ruth Bender

Der kleine Hörsaal im Audimax reichte nicht aus, als Doris Runge am 10. April 1997 antrat, über ihr Schreiben zu erzählen. Als erste Liliencron-Dozentin in der neu geschaffenen, nach dem Kieler Dichter Detlev von Liliencron (1844-1909) benannten Poetikdozentur, die das Institut für Literaturwissenschaft der CAU und das Literaturhaus Schleswig-Holstein unter Federführung von Professor Heinrich Detering auf die Beine gestellt hatten. So groß war der Andrang zur Vorlesung der in Cismar lebenden Lyrikerin, dass man kurzerhand in den großen Hörsaal wechselte.

Dass die Lyrik solche Aufmerksamkeit bekommt, geschieht nicht alle Tage. Und – zumindest damals vor 20 Jahren - eben auch nicht, dass ein Dichter oder eine Dichterin im universitären Betrieb höchstpersönlich Einblick gibt in seinen/ihren Schaffensprozess. »Wie Aschenputtel die Linsen ausliest, so müssen die Dichter die Worte auslesen, die guten von den schlechten trennen. Wort für Wort ins Licht ziehen und prüfen, ob sie noch für die Dichtung zu retten sind.« So beschrieb Doris Runge, die Meisterin der Verdichtung, in ihrer Vorlesung das lyrische Handwerk. Und der eindrucksvolle Auftakt ist in Erinnerung geblieben. Nicht nur das Gedränge; es machte eben auch Spaß, ihr zuzuhören, dem nördlich gefärbten Tonfall, dem nachdenklichen Nachsinnen und wie sich der Vortrag unmittelbar in Literatur verwandelte.

Es gibt eine Sehnsucht, dem Dichter hinter die Stirn zu schauen. Zu erfahren, wo er seine Ideen findet, und wie diese zu Worten, Zeilen, Versen werden. Gedichte haben ja immer auch ein Rätsel. Es ist also aufregend, wenn Dichter Türen öffnen hinter die Texte. In den ersten Jahren gehörte zur Liliencron-Dozentur auch noch ein Schreibseminar dazu, saßen die Studenten quasi direkt an der Quelle. Dagmar Leupold, die ohnehin zwischen Wissenschaft und literarischem Schreiben wandelte, war 2002 die erste, die ihren Studenten schon vorab lyrische Hausaufgaben gab.

20 Jahre Liliencron-Dozentur, das sind Reisen in die Welt der Wörter und höchst unterschiedliche Versuche, sich über die Lyrik die Welt anzueignen. So viele Bilder, so viel beflügelndes Kopfzerbrechen. Bei Oskar Pastior steht am Anfang des Dichtens die Akustik. Für Doris Runge beginnt es mit einem intensiven Gefühl. Ulrike Draesner braucht dafür einen starken Eindruck, den visuellen Reiz. Und für Marcel Beyer sind es die von Ort zu Ort mitziehenden Wörter, die Heimat werden können.

Pastior logierte 2004, zwei Jahre vor seinem Tod, in einem Hotel in der Dänischen Straße, ein freundlicher älterer Herr mit wehmütigen Augen, die verschmitzt aufblitzen konnten. Und im Gespräch sagte er Sätze, an denen man sich verhaken konnte wie an seiner Lyrik. »Sprache ist niemals ausgeforscht«, sagte er, »die wächst ja nach.« Als unerschöpfliches Reservoir der Klänge und Bedeutungen. Pastior schwamm hörbar darin, war ganz der fröhlich rebellierende Sprachspieler: »Der Einfall muss ein Zweifall sein, damit er klappt.« Und sein Misstrauen gegenüber der Festlegung der Sprache erzählte mehr über Welt und Wirklichkeit als manche Nachricht. »Bis in die syntax und grammatik hinein müssten gedichte doch helfen können, normatives denken aufzulösen bis in die moleküle hinein«, beschrieb er die verändernde Kraft der Lyrik in einem Essay. Und auf die Frage, was ihm so eine Dozentur, die literaturwissenschaftliche Kanonisierung bedeute, augenzwinkernd: »Rezeption ist immer die Fabrikation von Bedeutung ...«

Das Gedicht wurde in solchen Sätzen ganz greifbar für den Alltagsgebrauch. Keine Literaturform für Weltflüchtige, sondern Lebenselixier. Einem Russen müsse man nicht erklären, warum Dichtung wichtig ist, hatte Ilma Rakusa schon im Jahr zuvor berichtet. Und die Tochter eines ungarischen Vaters und einer slowakischen Mutter, die in Triest als Vielsprachlerin aufwuchs, gab der Reporterin gleich eine lyrische Gebrauchsanweisung mit: Man könne Gedichte auch einfach »auf die Zunge legen, ein bisschen auf den Worten herumkauen, ihren Klang spüren. Vielleicht bleibt dann am Ende ein Geheimnis.«

Schöner lässt es sich nicht sagen. Die Augen leuchteten, als Ilma Rakusa von der Sprache erzählte. Die Hände, der ganze Körper redeten mit. Sprache ist für die Lyrikerin und Übersetzerin mehr als die Summe von Syntax und Wörtern. Sprache ist ein sinnliches Erlebnis. Und am Gedicht reizt sie das Unkalkulierbare, »jener Moment, an dem Nicht-Wissen in Wissen umschlägt.«

Natürlich haben sich nicht alle eingeprägt, aber Erkenntnisgewinn gab es immer. Bei Ulrike Draesner, die an einem himmelblauen Sommertag mit Hund und fröhlichem Lachen im Alten Botanischen Garten eintraf, war es das Zupackende, wie die Autorin mitten in die Realität hineingriff, Beobachtung dingfest machte, die Wahrnehmung als Materiallager nutzte. »Gedichte haben mit Gegenwart zu tun, mit Zeitgenossenschaft«, befand sie beim Spaziergang. Und dass es ihr wichtig sei, »die Materialität der Sprache zu spüren und ihre Widerstände«.

Spannend war das fortan jedes Jahr, wen die Jury wohl diesmal auswählen und damit in die Stadt bringen würde. Nach Doris Runge kam Raoul Schrott, dann mit Dirk von Petersdorff ein gebürtiger Kieler, Harald Hartung, Dagmar Leupold. Und in neuerer Zeit Michael Lentz, Arne Rautenberg, Monika Rinck. Eine lange Liste großer Namen ist so entstanden, und ein repräsentativer Querschnitt durch das lyrische Schaffen im deutschen Sprachraum. In dem Strömungen sichtbar werden vom Sprachspiel bis zur assoziativen Wirklichkeitsbeleuchtung, aber auch Generationswechsel, von Harald Hartung zu Raoul Schrott, für den Gedichte »kleine Erkenntnismaschinen« sind.

2012 war Heinrich Detering, Initiator der Dozentur und längst Literaturprofessor in Göttingen, sein eigener Liliencron-Dozent – und brach eine Lanze für den Reim. Weil er dem Pathos mit Komik in die Parade fährt. Sprachlust ist eingebaut bei der Liliencron-Dozentur, die in ihrer Fokussierung auf die Lyrik nach wie vor einzigartig ist in Deutschland. Vielleicht hat sie – auch wenn der namensgebenden Kieler Dichter den meisten Gästen Nebensache blieb – die Stadt an der Förde ein bisschen in die Welt getragen. Bei dem ein oder anderen tauchte Kiel irgendwann wieder im Gedicht auf. Und sie schienen alle ein zusätzliches Vibrieren in die Stadt zu bringen, dem man später am Literaturtelefon regelmäßig nachlauschen konnte.

Komisch eigentlich, dass das sich die Neugier der ersten Stunde darüber nicht erhalten hat. Erst schwand das Begleitseminar, irgendwann zog man sich ganz ins schöne, aber räumlich überschaubare Literaturhaus zurück und reduzierte den Schriftsteller-Auftritt auf drei Abende. Das hatte eine durchaus anregende Verdichtung zur Folge, beglückte aber irgendwann nur einen überschaubaren, eingeschworenen Kreis.

An der Auswahl kann es kaum liegen. 2011 war Nora Gomringer da, die energiegeladene, Poetry-Slam-geschulte Autorin. 2015 kam Kleist-Preisträgerin Monika Rinck mit ihrer assoziativ mäandernden Lyrik. Sie sieht im Gedicht eine Art Geheimsprache und bringt einen dazu, das Klischee vom Gedicht als weltabgewandter Gefühlsäußerung zu überprüfen: »Ich würde ja immer sagen, dass Gedichte realistisch sind«, sagte sie. Aufmüpfig, überraschend. »Auch das Irreale gehört ja zu unserer Welt und unserem Denken dazu. Ich weiß gar nicht, warum wir da einen so reduzierten Wirklichkeitsbegriff haben.« Im Januar 2018 kommt PeterLicht, als Liliencron-Dozent Nummer 20. Künstler, Songschreiber, Kolumnist. Wäre schön, wenn sich mit seiner lakonischen, scheinbar alltäglichen Lyrik die Strahlkraft wieder herstellte.

Kommt man dem Gedicht eigentlich auf die Spur in so einer Poetik-Dozentur? Oder ist alles nur Voyeurismus? Ja, tut man. Der Vorgang des Dichtens erhellt sich. Ein wenig. Und ja, man ist auch Voyeur, der dem Dichter in den Kopf guckt. Siehe oben. Vor allem aber legen die Poeten der Welt eine Folie auf, die den Blick verändert. »Lest Gedichte!«, plädierte der Kieler Dichter Arne Rautenberg, Liliencron-Dozent 2013. »Sie feiern die Freiheit und erweitern das Denken. Sie machen Peng! Wie ein kleiner Blitzschlag!«

Ruth Bender
Kieler Nachrichten

20 Jahre – 20 Fragen

Von Neugier und Aufbruchslust

20 Fragen an Heinrich Detering

Heinrich Detering ist einer der profiliertesten Germanisten Deutschlands. Von 1995 bis 2005 war er Professor für Neuere Deutsche Literatur und Neuere Nordische Literaturen in Kiel. In diese Zeit fällt die Gründung der Liliencron-Dozentur für Lyrik, die er selbst 2012 erhielt. Detering schreibt und publiziert seine Lyrik – mit fünfundzwanzigjährigem Hiatus – seit 1978. Zuletzt erschien der Band Wundertiere *(Wallstein, 2015).*

1. Wann kam das erste Mal die Idee auf, eine Poetikdozentur zu gründen?
Kurz nachdem ich 1995 meine Stelle in Kiel angetreten hatte. Engagierte Leute aus dem Kultusministerium baten mich um Vorschläge für eine Belebung des literarischen Lebens in Kiel und auch für eine Öffnung der Universität zur literarischen Öffentlichkeit hin. Meine erste Idee hieß »Ein Fest für Liliencron«; an verschiedenen Spielorten von der Werft bis zum Sophienhof sollten seine Texte gelesen werden. Das erwies sich schnell als zu aufwendig, so kam es zur Idee einer exklusiv der Lyrik gewidmeten Poetikdozentur.

2. War von Anfang an klar, dass die Dozentur sich nur der Lyrik widmen soll?
Ja, das war der entscheidende Punkt. Es gab ja schon damals diese Tendenz, in der Medienöffentlichkeit die Begriffe ›Literatur‹ und ›Roman‹ synonym zu verwenden; da wollten wir an die Poesie erinnern.

3. Welche Argumente sprachen für Detlev von Liliencron als Namensgeber?

Eigentlich alle. Liliencron ist Kieler, und er hat sich auf diesen Herkunftsort oft berufen – nicht immer schmeichelhaft, aber immer leidenschaftlich. In einer Stadt, in der damals nach meinem Geschmack zu oft der Satz »Holsatia non cantat« zitiert wurde, verdient schon das eine nachdrückliche Erinnerung. Liliencron ist ein sehr ungleichmäßiger, in seinen guten Augenblicken aber unschlagbar musikalischer, sinnlicher, subtiler Poet. Das gilt schon für einige seiner Erzählungen, es gilt aber am entschiedensten für seine Gedichte. Liliencron ist eine überlebensgroße Figur auf der Schwelle zwischen dem 19. Jahrhundert und der anbrechenden Moderne. Gerade deren emphatischste Vertreter, von Rilke über Hofmannsthal bis zu Thomas Mann, haben ihn als Lehrer und Vorbild, manchmal sogar als eine – etwas sonderbare, aber gerade darum so liebenswerte – Vaterfigur empfunden. Und viele der Impulse aufgenommen, die er gegeben hat.

4. Wer war im Gründungsteam, wer hat an der Gründung der Dozentur mitgearbeitet?

Da der Anfang sehr lebhaft und eben deshalb etwas improvisiert war, gab es keine richtigen Strukturen, auch wenn nominell eine kleine Jury benannt werden musste. Die Kollegen an der CAU unterstützten die Sache, das Literaturhaus war dabei, Leute aus dem Umkreis der Landesregierung wie Stephan Opitz haben sich sehr hilfreich engagiert.

5. Welche Geldgeber konnten gewonnen werden?

Das weiß ich tatsächlich nicht mehr genau, da müssen Sie die alten Akten durchblättern. Es ging ja um eher bescheidene Beträge.

6. Wie gestaltete sich die erste Jurysitzung?

Wie gesagt: die formelle Seite mit Sitzungen, Protokollen und so etwas war, jedenfalls nach meiner Erinnerung, eher der Versuch, den ohnehin auf den Fluren, in der Bibliothek oder in der Cafeteria geführten Gesprächen so etwas wie eine präsentable Form zu geben. Es waren vielleicht etwas chaotische, aber sehr lebendige und alles in allem von Neugier und Aufbruchslust getragene Anfänge.

7. War Doris Runge als erste Preisträgerin gesetzt, oder gab es Kontroversen?
Wir haben damals natürlich über alle mögliche Lyrikerinnen und Lyriker geredet. Ich habe mich sehr dafür eingesetzt, dass die erste Dozentur an eine Frau geht, die sowohl geographisch als auch in ihrer Poesie, dieser zauberischen Verbindung von Märchenträumen, Alpträumen und Ironie, gewissermaßen eine Nachbarin Liliencrons ist. Es gab unterschiedliche Meinungen, weil es ja auch unterschiedliche Geschmäcker gibt. Aber wirklich scharfe Kontroversen gab es nicht. Der Name Doris Runge für die erste Kieler Liliencron-Dozentur für Lyrik – das war einfach zu triftig.

8. Wie war der geplante Ablauf der ersten Dozentur? Und ging alles gut?
Ja, es ging alles gut, wenn man damit meint, dass die Veranstaltungen die gewünschte Aufmerksamkeit fanden und dass es lebendig zuging. Umstritten war, ob die Zahl der Veranstaltungen innerhalb einer Woche nicht zu groß war und ob man sich da nicht mehr konzentrieren sollte. Unterschiedliche Meinungen gab es auch zu Doris Runges Poetikvorlesungen, schon das Format selbst war ja in Kiel etwas Neues – die einen liebten den Sound, den anderen war er zu, sagen wir, romantisch-subjektiv. Ich glaube, Doris Runge selbst hat von der Schwierigkeit gesprochen, als Dichterin den richtigen Ton für solche Vorlesungen zu finden, die ja einerseits in einem akademischen Rahmen stattfinden und es mit Fragen von Poetik und Literaturgeschichte zu tun haben, also mit einer weit verstandenen Literaturwissenschaft, von denen andererseits aber erwartet wird, dass sie gerade nicht wissenschaftlich-analytisch, sondern selbst irgendwie ›poetisch‹ sein sollen. Das ist ein Grundproblem aller Poetikdozenturen, im Laufe dieser Lyrik-Dozentur ist es immer wieder sichtbar geworden. Aber gerade das Problematische ist ja manchmal das Produktive.

9. Wie waren die Reaktionen der Studierenden, des Publikums?
Siehe oben: anteilnehmend, lebhaft, zustimmend und kritisch und in jeder Hinsicht diskussionsfreudig. Dass so über poetologische Positionen und über poetische Praxis diskutiert wurde, fand ich erfreulich.

Und ich habe auch den Eindruck, dass es für Doris Runge eine erfreuliche, ermutigende Erfahrung gewesen ist.

10. Lässt sich über die Jahre hinweg Ihrer Meinung nach eine Tendenz, zum Beispiel im prämierten Genre, feststellen oder zeichnet sich die Dozentur durch eine grosse, vielleicht sogar repräsentative Bandbreite aus?
Nun lebe ich ja schon seit einigen Jahren nicht mehr in Kiel und bin an der Konzeption der Liliencron-Dozentur nicht mehr beteiligt. Nach meinem Eindruck hat sie eine ganz erstaunliche, auch im Vergleich mit anderen Poetikdozenturen vorbildlich offene und undogmatische Bandbreite entwickelt, eine Stimmenvielfalt, in der grundsätzlich alle Strömungen der deutschen Gegenwartspoesie zu Wort kommen können. Das war vor allem in den Jahren einer sich verhärtenden – und, wie ich glaube und hoffe, mittlerweile überwundenen – Frontstellung zwischen ›Traditionalisten‹ und ›Avantgardisten‹ in der deutschen Lyrik wohltuend. Die Lyrik-Empfehlungsliste, die neuerdings auf Initiative der *Deutschen Akademie [für Sprache und Dichtung*, deren Präsident Detering von 2011-18 war; O. P.] jedes Jahr erstellt wird und zunehmend breite Resonanz findet, hatte hier ihr Vorbild und Modell.

11. Einige persönliche Fragen: Welche Preisträgerin, welcher Preisträger hat Sie am meisten beeindruckt?
Auch wenn es gerade die besagte Stimmenvielfalt ist, die mich an der Dozentur freut, also das Ganze mehr ist als die Summe der Individuen – Oskar Pastior.

12. Welchen Teil der Dozentur finden Sie am spannendsten: Lesung, Vorlesung oder Gespräch?
Am meisten Vergnügen habe ich selber immer, auch als Zuhörer, an Gesprächen.

13. Sie waren selbst Liliencron-Dozent. Was war das für ein Gefühl, nach Kiel zurückzukehren und einen Preis zu erhalten, den Sie selbst mitbegründet haben?
Das war, wenn ich mal kurz etwas pathetisch werden darf, eines der Geschenke meines Lebens. Als die Dozentur ins Leben gerufen

wurde, war ich selber gerade mitten in dem, was ich mein Coming-out als Lyriker nennen würde: Ich hatte mir ein Herz gefasst und bekannte mich öffentlich zu meiner lyrischen Veranlagung, durchaus in der Angst, dass das dem beruflichen Ansehen eines beamteten Literaturwissenschaftlers nicht unbedingt zuträglich sein würde. Es ist dann ja überraschend und erfreulich gutgegangen. Aber dass die Kieler mich tatsächlich einmal als Poeten einladen würden und nicht nur als Kritiker oder Theoretiker, das hat mich mehr gefreut, als ich sagen kann.

14. Was hebt die Liliencron-Poetik-Dozentur von anderen Preisen dieser Art ab?
Dass sie sich ausschließlich auf die Lyrik konzentriert. Und dass sie inzwischen diese programmatisch undogmatische Offenheit entwickelt hat.

15. Wie wichtig sind Ihrer Meinung nach Preise und Stipendien im deutschen Literaturbetrieb?
Es wird ja immer wieder gemäkelt, dass es zu viele Auszeichnungen dieser Art gäbe. Alles in allem habe ich aber den Eindruck, dass zumindest zwei Wirkungen diese Vielfalt rechtfertigen: erstens die Unterstützung für Dichterinnen und Dichter, von denen ja die wenigsten unter so gesicherten ökonomischen Umständen arbeiten können wie zum Beispiel ich, zweitens die Förderung der öffentlichen Wahrnehmung und der Neugier. Auch wer nicht auf die Idee käme, sich nach den Lyrik-Neuerscheinungen der Saison zu erkundigen, geht vielleicht in eine Lesung, eine Poetikvorlesung, ein öffentliches Gespräch anlässlich einer Preisvergabe oder einer Poetikdozentur. Wenn das geschieht, ist der Aufwand eigentlich schon gerechtfertigt.

16. Sollte die Akademie sich stärker in Richtung von Literaturbetrieb und Literaturproduktion öffnen, wie es zum Beispiel an amerikanischen Universitäten der Fall ist?
Ich fände das gut, wenn damit Creative Writing gemeint ist – nicht nur im engeren belletristischen Sinne, sondern auch im weiteren Sinne einer Ausbildung im eigenständigen, stilistisch und rhetorisch nuan-

cierten und kreativen Umgang mit der Sprache. Das könnte prinzipiell allen Wissenschaften zugutekommen, muss aber in der wissenschaftlichen Ausbildung – auch der literaturwissenschaftlichen – wohl oder übel häufig auf der Strecke bleiben.

17. Welchen Platz würden Sie Liliencrons Werk in der deutschen Literaturgeschichte zuweisen?
Mit seinen wirklich gelungenen Gedichten ist er eine Hauptfigur, eine im Wortsinne maßgebliche Gestalt zwischen Lyrikern wie Storm und Hebbel auf der einen, Rilke und den Symbolisten auf der anderen Seite – und dann gibt es diesen eigenartigen, aus der Zeit fallenden Schuss Pop, der manchmal an Kästner, manchmal an die Parlando-Seite Benns, manchmal an Songpoetry erinnert. Vielleicht ist es dieses lässige Je-ne-sais-quoi, das den großen Impressionisten Liliencron auch über seinen eigenen Impressionismus hinaushebt.

18. Und welchen Platz besetzt er in Ihrem Herzen?
Drei, vier seiner Gedichte gehören zu meinen Allzeit-Lieblingen, »Four in Hand« zum Beispiel oder die »Dorfkirche im Sommer«. Den Mann Liliencron finde ich erstaunlich: eigentlich unmöglich in fast jeder, vor allem in jeder ideologischen Hinsicht, aber von entwaffnendem Charme, und manchmal »larger than life«.

19. In Ihrem Gedicht »Kilchberg« formulieren Sie das Schwanken zwischen dem Geltungsbedürfnis und den Selbstzweifeln eines Poeten: »Angst vor offenen Plätzen / Gier nach dem eigenen Platz / nachts das alte Entsetzen / morgens der nächste Satz«. Stand hier neben Thomas Mann auch Detlev von Liliencron Pate?
Nein, jedenfalls nicht im Sujet. Wenn ich im Umgang mit Reim und Metrum etwas von ihm gelernt hätte, wäre ich froh.

20. Ist Kiel »die schönste Stadt im schönen Holstein«, wie Theodor Storm schreibt, oder doch eher ein »verzierbaute[r] Heimatsort«, wie es in Liliencrons Gedicht »Wandlungen« heisst?

Ich mag Kiel sehr und hänge an der Stadt. Darum bleibt mir nichts übrig, als beiden irgendwie Recht zu geben. Dass es die im Wortsinne schönste Stadt in Holstein sei, hat wohl auch Storm selber nicht geglaubt, aber sie ist – und das, glaube ich, meint er – eine wirkliche Stadt, größer, lebhafter, vielseitiger, als ihre Einwohnerzahl erwarten lässt. Verzierbaut, also nicht einfach aus Nachlässigkeit, sondern in verschönernder Absicht, ist sie leider an manchen Orten noch immer, auch wenn sich wirklich vieles zum Guten entwickelt hat. Die Entstellung des Alten Marktes werde ich den Verantwortlichen nie verzeihen, auch nicht die Verschlimmbesserungen der Holstenstraße. Aber zwischen den wiederbelebten Klosterruinen und dem Werftpark gibt es in den letzten Jahren mehr, mit Liliencron zu sprechen, schöne »Wandlungen«, als man in einem Satz würdigen kann.

Das Ende ist mit Glück ein Anfang

20 Fragen an Doris Runge

Doris Runge wurde als erste Lyrikerin mit der Liliencron-Dozentur geehrt, die nun in einer langen Reihe mit anderen Auszeichnungen steht, die sie erhalten hat. Seit 2011 ist Runge ordentliches Mitglied der Akademie der Wissenschaften und der Literatur, Mainz. Ihre aufs Äußerste verdichteten Texte regten den Interview-Modus an: als Entscheidung zwischen zwei Ausdrücken aus dem begrifflichen Universum ihrer Lyrik.

1. Ankunft oder Heimkehr?
Ankunft.

2. Kiel oder Cismar?
Cismar.

3. Küste oder Hinterland?
Hinterland mit freiem Blick auf die Küste.

4. Wind oder Wellen?
Wind und Wellen.

5. Detlev von Liliencron oder Thomas Mann?
Thomas vor Detlev. Thomas kenne ich länger.

6. Reden oder Schreiben?
Reden – mit Stift und Taste.

7. Wortgefühl oder Gefühlswort?
Wortgefühl.

8. Reim oder Metrum?
Das Gedicht wählt seine Form, zeigt mir beim Entstehen, auf welchen Versfüßen es gehen möchte, wie viel Herz, wie viel Kopf es braucht.

9. Gedichtanfang oder Gedichtende?
Gedichtanfang. Alles ist möglich.
Das Ende ist mit Glück ein Anfang.

10. Hinterlassenschaft oder Nachtrag?
Hinterlassenschaft. Mein Nachtrag ist eine Fußnote.

11. Erinnerung oder Schlusspunkt?
Ich setze keine Zeichen. Alles ist offen. Vor und zurück.

12. Zuflucht oder Standort?
Ich kann mich nicht entscheiden.

13. Orpheus oder Ikarus?
Früher Ikarus, heute Orpheus.

14. Turmzimmer oder Zwischenreich?
Das »Turmzimmer« ist Glück. Der Rest »Zwischenreich«.

15. Handarbeit oder Polaroid?
Handarbeit.

16. Tag- oder Nachtflieger?
Ich kann sie nicht unterscheiden.

17. Federleicht oder federschwer?
Federschwer.

18. Sommerweg oder Wintergarten?
Winterweg.

19. Liebestraum oder Blind Date?
Der Liebestraum sollte es sein. Er wird es nicht sein. Ich richte mich ein auf Blind Date.

20. Rückspiegel oder Grubenlampe?
Rückspiegel – da kann ich auch goldgefasste Rahmen benutzen. Mit der Grubenlampe muss ich tief hinab in den Schacht.

Schmetterlingsgleich, schwalbengleich

20 Fragen an Dirk von Petersdorff

Der 1966 in Kiel geborene Lyriker und Germanist Dirk von Petersdorff wurde 1999 ausgezeichnet, ein Jahr nachdem er den Kleist-Preis erhalten hat. Da Petersdorff nicht nur einer der führenden Gegenwartslyriker ist, sondern obendrein Literaturhistoriker und ausgewiesener Lyrik-Experte, interessierte uns auch sein Blick auf den Namensgeber der Dozentur, Detlev von Liliencron. Liest man den eigentlich noch?

1. IN WELCHER SITUATION ERREICHTE SIE DIE NACHRICHT, DASS SIE DRITTER LILIENCRON-DOZENT WERDEN?
In meinem Büro an der Uni Saarbrücken, ich sah gerade aus dem Fenster, als das Telefon klingelte.

2. SIE SIND IN KIEL GEBOREN UND HABEN AN DER CAU STUDIERT. HATTE DIE VERLEIHUNG DER LILIENCRON-DOZENTUR ETWAS VON HEIMKEHR?
Ja. Man freut sich über eine solche Anerkennung durch die Universität, an der man studiert hat. Und wenn Sie nach »Heimkehr« fragen: Kiel und die Ostseeküste sind für mich Heimat. Das hat mit Menschen zu tun, genauso wie mit dieser weiten und freien Landschaft, oder anders gesagt: mit richtigen Wolken und richtigem Wind.

3. Wie haben Sie die Dozentur erlebt? Gab es besonders schöne oder schlimme Momente, die Sie erinnern?
Sehr lebendig, wenn ich das nicht im Nachhinein verkläre. Zu den Vorlesungen kamen viele Hörer, die vielleicht nicht allem zugestimmt haben, aber auch nicht gelangweilt guckten, im Literaturhaus gab es am Abend ein Gespräch mit Harald Hartung und Heinrich Detering, das war natürlich wunderbar, und im Seminar habe ich damals mit dem ›Kreativen Schreiben‹ herumexperimentiert, das ich dann später als Arbeitsgebiet ausgebaut habe.

4. Was hätte der Student Dirk von Petersdorff über den Dichter und Liliencron-Dozenten Dirk von Petersdorff gedacht?
Ich hoffe, dass der Student den Dozenten skeptisch angesehen hätte und dass im guten Fall ein wenig Reibungsenergie entstanden wäre.

5. Hat die Verleihung Ihre dichterische Karriere beeinflusst?
Das kann man selber schwer sagen, aber natürlich stellte die Dozentur eine Anerkennung dar. Vielleicht war sie auch ein Türöffner für andere Dozenturen später, wie in Mainz und dann vor allem in Tübingen. Gelegentlich ist es gut, wenn man zum Nachdenken über die eigenen Grundlagen gezwungen wird.

6. In Ihrer dritten Vorlesung »Eine nicht mehr moderne Poetik«, die unter dem Titel »Reim und Kleid« auch als Essay in dem Band Verlorene Kämpfe (S. Fischer, 2001) erschienen ist, heisst es: »Vielleicht ist die Emphase des Zeitgefühls, auf der die moderne Kunst beruht, verbraucht? [...] Wer ohne Vergangenheit und Zukunft als Ziel lebt, besteht aus Gegenwart, lebt in der Gegenwart, verloren. In diesem Zustand ist der Mensch nur eine Grössen-Einheit, nur ein Moment der Zeit, nichts was ihn hält.« Was waren damals Ihre Ziele?
Es war eine Phase, in der ich das Gefühl hatte, mich befreien zu müssen. In den 1980er Jahren, in denen ich begann, mich ästhetisch umzusehen, war ein Modernismus dominant, der sehr restriktiv

vorging und die Spielräume der Kunst einschnürte; viele Formen wurden als überholt bezeichnet, ›das geht heute nicht mehr‹, wie es damals hieß. Mich interessierte, wie sich eine solche Ästhetik entwickelt hat, die die Weichenstellungen der modernen Gesellschaft überwiegend als falsch ansah – ein Lebensgefühl, das ich nicht teilen konnte, weil die Freiheitsspielräume, die diese Gesellschaft geschaffen hat, für mich immer evident vorhanden waren, und hinzu kam, dass ich auch nie verstanden habe, warum Künstler der Welt, in der sie leben, feindlich gegenüberstehen müssen. Später haben mich dann in Gedichten zunehmend Momente interessiert, in denen Menschen sich zu Hause fühlen können, in dem Bewusstsein: Es sind nur Momente.

7. Und wie fällt Ihr Rückblick auf das Jahr 1999 aus?
Schon recht weit entfernt, so wie auf einer Wanderung in den Alpen, wenn man sich umdreht und sieht auf Berge zurück, von denen man gekommen ist.

8. Hat sich Ihre Poetik, hat sich ihr Verständnis von Dichtung seither stark gewandelt – oder gelten die im Zuge der Liliencron-Dozentur entwickelten Leitlinien noch immer?
Die wichtigsten Überzeugungen sind wohl doch eher stabil geblieben, aber manches ließe sich heute besser begründen, und vor allem würde ich hoffen, von diesen Überzeugungen ausgehend meinen Radius erweitert zu haben. Die negative Abgrenzung von anderen Positionen interessiert mich heute nur noch wenig, viel wichtiger sind die Entdeckung von Formen und die Ausdehnung der Wahrnehmung.

9. Sie sind nicht nur Dichter, sondern halten, wie beispielsweise Heinrich Detering, eine Professur für Literaturwissenschaft. Dichten LiteraturwissenschaftlerInnen anders?
Über die Verbindung von Literaturwissenschaft und Lyrik denke ich möglichst selten nach. Für mich stellen sich da vor allem praktische Fragen: Wie organisiere ich meinen Alltag, wie teile ich Zeit und Kräfte ein?

10. In Ihrer 2008 bei C.H. Beck erschienenen Geschichte der deutschen Lyrik taucht Detlev von Liliencron nicht auf – ein Versehen?

Man hat in der Reihe *C. H. Beck-Wissen* nur 120 Seiten zur Verfügung. Auf denen musste ich vom Mittelalter bis in die Gegenwart gelangen. Zu den Autoren, die ich nenne, will ich immer auch einige Sätze sagen, sie nicht nur aufzählen. Daher werden auch wichtige Autoren nicht erwähnt – aber ich muss zugeben, dass ich Liliencron erst in den letzten Jahren intensiver gelesen habe, beflügelt durch den von Walter Hettche herausgegebenen Band *Ausgewählte Werke* (Wachholtz, 2009).

11. Wird über den Platz Liliencrons in der deutschen Literaturgeschichte (noch) gestritten?

Nein, in den neueren Literaturgeschichten hat er seinen Platz; gestritten wird über Bedeutung natürlich immer, aber in Liliencrons Fall ist der Streit graduell. »Damals war Liliencron mein Gott, ich schrieb ihm eine Ansichtskarte«, wie Gottfried Benn gesagt hat.

12. Was zeichnet Liliencrons Lyrik Ihrer Meinung nach aus?

Zurzeit interessiert mich vor allem Liliencrons Nähe zur impressionistischen Malerei. Er malt auch impressionistische Bilder, Landschaften, durch die der Wind geht. Alles ist ganz real, und gleichzeitig verschwimmt es, und man erkennt, dass es nur aus Farbpunkten besteht.

13. Ist Detlev von Liliencron einer Ihrer Hausdichter oder haben Sie ein eher distanziertes Verhältnis zu seinen Werken?

Einer der Hausdichter ist er nicht, aber die Nähe und Ferne zu Autoren wechselt in der Lebensgeschichte.

14. Ist der notorische Spieler, Trinker und Frauenheld Detlev von Liliencron in gewisser Weise das Gegenteil eines poeta doctus, eines gelehrten Dichters?

Das glaube ich eigentlich nicht. Liliencron hat ein hohes Formbewusstsein und kennt seine Vorgänger, und mehr braucht es eigentlich nicht zum poeta doctus – den Titel halte ich ansonsten auch gar nicht für erstrebenswert. Auf jeden Fall fließen durch Liliencrons Gedichte reichliche Lebenssäfte.

15. Lässt sich der ironische Duktus einer Vielzahl Ihrer Gedichte auch als ein spätes Echo Liliencrons verstehen?

Liliencron praktiziert eine Ironie, die nicht mit auftrumpfender Komik daher kommt, sondern aus dem Bewusstsein hervorgeht, dass wir über Gegenstände reden, die sich uns entziehen, und dass deshalb alle Rede unvollständig ist. Eine letzte Ungewissheit wird ironisch umspielt, manchmal schmetterlingsgleich, manchmal schwalbengleich, und das finde ich sehr schön.

16. Liliencron bediente sich alter lyrischer Formen wie etwa der Siciliane. In Ihrem letzten Gedichtband Sirenenpop (2014 bei C. H. Beck) gibt es eine ganze Abteilung von Texten, die sich an der Strophenform der Stanze orientieren. Vermissen Sie in der Lyrik der Gegenwart ein solches Bewusstsein für historische Formen?

Nein, das vermisse ich gar nicht. Das Schreiben von Sonetten zum Beispiel hat inzwischen inflationäre Ausmaße angenommen, davor muss man sich fast hüten. Klar, andere Formen kommen zu kurz, und beim Reimen merken auch diejenigen, die es vorher bespöttelt haben, wie schwer es ist, ein Gedicht durchgängig gut zu reimen, ohne Krampf und Peinlichkeit mit den Worten und in der Grammatik unserer Zeit. Da Sie die Sicilianen ansprechen: »Einer schönen Freundin ins Stammbuch« bewundere ich als Gesellschaftsporträt zum Beispiel sehr.

17. In seinem Gedicht »Deutsche Reimreinheit« plädiert Liliencron für einen sorgfältigen Umgang mit Reimen, indem er Beispiele für ›geschmuggelte‹, das heisst unreine oder gezwungene Reime liefert. Können Sie ihr eigenes Verhältnis zum Reim skizzieren?

Den Reim habe ich immer als elementaren Reiz empfunden, als lustvolle Erfahrung, zunächst beim Hören, später dann beim eigenen

Schreiben. Zugleich schienen mir die Argumente, die in der ersten Hälfte des 20. Jahrhunderts gegen den Reim vorgebracht worden sind, nicht mehr zwingend zu sein. Als Allgemeinplatz kursierte in meiner Studienzeit etwa die Idee, dass man Menschen mit Literatur verstören müsse, sie aus ihrer Harmonieseligkeit herausreißen müsse; ich fand aber, dass alle schon verstört genug waren und dazu keine Literatur mehr benötigten. Das Feld des Reims war um das Jahr 2000 herum jedenfalls ziemlich frei, man musste nicht reimen, aber man hatte die Freiheit dazu, und in gewissen Kreisen konnte man damit provozieren. Hinzu kamen ganz unerwartete Impulse, die den Reim verjüngten, vor allem aus der Musik, aus dem Hip-hop, aber auch aus einer neuen deutschsprachigen Popmusik, mit der ich mich einige Jahre lang sehr verbunden fühlte. Alles andere sind technische Fragen: Gelingt der Reim oder nicht, denn natürlich kann man damit krachend scheitern, weil die Messlatten so hoch liegen, siehe Goethe, Heine, Brecht.

18. Wie bewerten Sie die formale Vielfalt im Werk der 20 Liliencron-Dozenten? Fühlen Sie sich wohl in einer Reihe mit avantgardistischen Dichtern wie Oskar Pastior oder Franz Josef Czernin? Sagen Ihnen die Texte von PeterLicht etwas?
Die Dozentur spiegelt die Entwicklung der jüngeren Lyrik, die vielstimmig ist. Diese Vielstimmigkeit empfinde ich grundsätzlich als befreiend. Dann gibt es Positionen, die einem selbst näher stehen, und andere, mit denen man sich auseinandersetzt, und es gibt Autoren, deren Weg man beobachtet, mit Respekt oder Bewunderung. PeterLicht scheint mir zu den Autoren zu gehören, die von außen in die Lyrik kommen, aus dem Feld des Pop, und von dort bringt er eine sehr genaue Gegenwartsbeobachtung mit. Diese Autoren sind weniger selektiv, in ihrer Weltwahrnehmung und ihrer Sprachbehandlung, und das finde ich reizvoll.

19. Zur ökonomischen Dimension von Dichtung: Liliencrons Situation war zeitlebens prekär; erst mit 57 Jahren erhielt er eine bescheidene Pension. Welche Position besetzen Ihrer Meinung nach Literaturpreise,

Dozenturen und Stipendien im gegenwärtigen Literaturbetrieb?
Es gibt in Deutschland dieses ausgebaute Fördersystem, für das wir nur dankbar sein können. Preise und Stipendien helfen, sie können aber auch in trügerischer Sicherheit wiegen, mental und ökonomisch. Eigentlich muss jeder selbst wissen, wie er und sie leben wollen, sich über Wasser halten. Und Gedichte werden durch berufliche Zwänge, denen der Autor unterliegt, auch nicht zwingend schlechter.

20. Und nicht zuletzt: Welche Rolle wird die Lyrik Ihrer Meinung – oder Hoffnung – nach in den nächsten 20 Jahren spielen? Kommt es zu einer Renaissance der kurzen Formen oder dominiert weiterhin die epische Dichtung?
Die epische Dichtung wird wohl erst einmal dominieren, aber das ist nicht so wichtig, wenn die Lyriker nur Gedichte schreiben, die so gut sind, dass die LeserInnen meinen, dass es sich lohnt, sie zu lesen oder zu hören. Direkter gesagt: Es hängt auch von uns ab, wie es mit der Lyrik in Zukunft steht.

Meine Dichtung ist mein Geist

20 Fragen an Arne Rautenberg

Der Dichter Arne Rautenberg gehört zu Kiel wie die Segler zur Förde. Seine formal vielseitigen Gedichte bleiben oft nah am Alltäglichen und gehen gleichzeitig ins Weite, sie umfassen das Schlauchboot wie den Frachter. Diese Lust am Gegensätzlichen äußert sich in zwei weiteren Arbeitsfeldern Rautenbergs: Er ist ein renommierter Autor für Kindergedichte und er überschreitet mit seiner Visual Poetry die Grenzen zur Bildenden Kunst.

1. SIE HABEN SICH SCHON HÄUFIG EMPHATISCH ZU IHRER HEIMATSTADT KIEL BEKANNT. WAS MACHT KIEL IN IHREN AUGEN AUS?
Kiel ist Deutschlands größte Stadt am Meer. Und ich bin ein Meermensch. Wer etwas mit dem Meer anfangen kann, der ist in dieser Stadt richtig. Außerdem muss der Mensch etwa 17.000 Mal am Tag atmen. Da kann es nicht schaden, wenn die Luft gut ist.

2. STIMMEN SIE THEODOR FONTANE ZU, DER IN DEN BÜRGERN KIELS »DURCHSCHNITTSPEOPLE VON DER HAMBURGER SORTE« ERKANNTE?
Das ist nicht so. Das Hanseatentum, wie man es etwa in Hamburg oder Lübeck in den Bildungsschichten noch vorzufinden meint, gibt es in Kiel so nicht. Und die Durchschnittspeople, Himmel, die gibt es überall und in vielen Nuancen des Lebens ist man selber einer von ihnen.

3. Wie steht es um das literarische Leben in der Landeshauptstadt?
Das literarische Leben der Stadt spielt sich in unterschiedlichen Szenen ab. Da ist natürlich Feridun Zaimoglu. Da ist Christopher Ecker, da ist Ole Petras, da ist Jens Rassmus, die für mich und mein Schreiben da sind. Für mich sind wir vier wie eine Bande. Da ist eine gesunde Slam-Szene – und da ist das Literaturhaus Schleswig-Holstein, das uns im Auge hat und entsprechend protegiert. Nicht zu vergessen die Christian-Albrechts-Universität und die Muthesius-Kunsthochschule, die ebenfalls literarische Veranstaltungen anbieten, bzw. mit kostbaren Gedanken begleiten.

4. Welche Bedeutung hat die Liliencron-Dozentur ihrer Meinung nach für den Lyrik-Standort Kiel?
Es ist unheimlich wichtig, dass die Lyrik mit der Liliencron Dozentur einen Fuß in der Stadt hat, der so groß ist, dass er weit über die Stadt hinaus ragt. Denn was hängt an diesem Fuß alles mit dran? Es ist das gewaltige Wesen der Poesie.

5. Mit Ihnen wurde 2013 das erste Mal ein Lyriker ausgezeichnet, der in Kiel lebt und arbeitet. Kam die Liliencron-Dozentur für Sie völlig überraschend oder war sie längst überfällig?
Sie kam völlig überraschend. Mein Plan ist es, einfach immer weiter Gedichte zu schreiben, aus einer inneren Notwendigkeit heraus. Der Rest ergibt sich. Wenn man dafür gestreichelt wird, ist das natürlich schön. Denn mehr Aufmerksamkeit für meine Arbeit bedeutet, dass meine Gedichte mehr gelesen werden. Und ich freue mich, wenn Menschen sich für Gedichte, auch für meine Gedichte interessieren.

6. Kann man, sollte man Lyrik erklären?
Ist nicht nötig. Kann aber doch nötig für die sein, denen die Erklärungen etwas geben. Meine Erfahrung ist: Je phantasie- und lustvoller Leserinnen und Leser an Gedichte herangehen – umso mehr können die Gedichte ihnen zurückgeben. Sich da von Paradebeispielen, etwa der Rubrik »Frankfurter Anthologie« in der FAZ befeuern zu lassen, das ist doch wunderbar.

7. Wann haben Sie entschieden, als freier Schriftsteller Ihren Lebensunterhalt zu bestreiten?
Unmittelbar nach dem Ende des Studiums, mit Beginn des neuen Jahrtausends. Ich wollte es absolut, hatte keinen Plan B, mich dafür in den Jahren davor schon mit Lesungen und Zeitungsarbeit in Stellung gebracht. Und hatte ab dem Jahr 2000 einen guten Roman-Vertrag mit Hoffmann und Campe in der Tasche, der mir für zwei Jahre pro Jahr 12.500 DM bescherte.

8. Fühlen Sie sich wohl im Literaturbetrieb?
Ich habe immer die Nähe zu Schriftstellerinnen und Schriftstellern gesucht, deren Arbeit und Persönlichkeit ich schätze. Außerdem bin ich neidfrei. Ich freue mich für alle Dichterinnen und Dichter, die ich gut finde, wenn sie Preise bekommen. Und obwohl ich natürlich auch durch ein Meer aus Absagen gegangen bin – drehte sich der Wind irgendwann. Heute ist es so: Ich kümmere mich um nichts mehr – und alles fliegt mir zu. Ich mag das.

9. Der Freiherr Detlev von Liliencron war sein Leben lang eigentlich immer pleite. Liegt der ökonomische Druck schwer auf der Feder?
Im Gegensatz zu meinen Romankollegen – vier Jahre Roman schreiben, okayen Vorschuss kassieren, nach der Veröffentlichung Lesungen anleiern – habe ich meine ökonomische Basis immer auf vielerlei Füße gestellt: Ich schrieb für verschiedene Zeitungen, machte Rezensionen für den Rundfunk, machte Lesungen, gab Workshops, veröffentlichte hier und da und wenn mal eines der Beine wegbrach, ich etwa beim Rundfunk oder einer Zeitung gefeuert wurde, war ich nie ganz am Ende wie meine Romankollegen, die alles nur auf ein Pferd, eben den nächsten Roman gesetzt haben. Wenn den dann keiner mehr wollte, waren die oftmals fertig mit der Schriftstellerwelt.

10. Sie schreiben nicht nur Lyrik für Erwachsene, sondern veröffentlichen auch sehr erfolgreich Gedichte für Kinder, zuletzt den Band Rotkäppchen fliegt Rakete (Peter Hammer, 2017). Wie wirkt sich das Alter der Adressaten auf den Schreibprozess aus?

Kinder sind während der Lesung viel unmittelbarer. Ich lese vor allem vor den Klassenstufen 2. bis 6. Klasse meine Kindergedichte vor. Es wird viel gelacht, sich lauthals gewundert. Ich liebe das. Und hinterher kommen dann so Fragen wie: Was muss ich machen, um auch ein Dichter zu werden? Während meines Schreibprozess spielt das allerdings keine Rolle. Ich lasse die Dinge einfach auf mich zukommen und schaue, was dabei rauskommt. Zwischen einem Kinder- und einem Horrorgedicht liegen manchmal nur Nuancen.

11. Sind gute Kindergedichte immer auch Gedichte für Leser jeden Alters?
Ich denke ja. Das Label Kindergedichte bedeutet ja bloß, dass diese Gedichte auch für Kinder geeignet sind. Ich kenne viele Erwachsene, die auch Spaß an Kindergedichten haben. Manchmal gibt es Verweise oder einen doppelten Boden, manchmal ist es okay, einfach mal wieder ganz naiv an die Dinge heran zu gehen. Dann ist man plötzlich in so einem Zen-haften Modus. Den gibt es hier im Rausch der Leistungsgesellschaft viel zu wenig, finde ich.

12. Andersherum gefragt: Nähern sich Kinder der Gattung Lyrik unvoreingenommener als Erwachsene?
In jedem Fall. Oftmals haben Kinder noch keine Ahnung von Gedichten. Wenn die dann aus meinen Schul-Lesungen herausgehen, weiß ich: 90% von ihnen werden vielleicht nie wieder zu einer Dichterlesung in ihrem Leben gehen. Aber wenn die dann da rausgehen und das Gefühl haben, da war eben einer, der hat seine Gedichte vorgelesen und wir haben Spaß gehabt, uns zusammen gewundert und gelacht, dann ist schon viel für das kommende wahrnehmen der Gattung Lyrik gewonnen.

13. Wann und wodurch geht die Unschuld im Umgang mit Gedichten verloren?
Durch die Denkfaulheit. Früher dachte ich immer: Das olle Interpretierenmüssen in der Schulzeit vergällt einem die Gedichte. Heute denke ich anders. Je besser man sich an Gedichte heranzudenken versteht, umso mehr kann man für sich herausziehen. Und das kann man lernen. Wenn in Schulen vermittelt werden könnte, dass man

lustvoll an die Sache herangehen kann, weil es hinterher etwas für einen selber gibt und bedeuten kann, so wäre das großartig. Allerdings gibt es auch einen ganz anderen Zugang zu Gedichten, der nichts mit dem Interpretieren zu tun hat. Gedichte tasten sich an das Unsagbare heran. Und das kann man, wenn man sensibel dafür ist, auch einfach so erspüren. Doch die Sensibilität dafür muss geweckt werden. Gute Lehrkräfte können das.

14. Kann Lyrik das Leben verbessern?

In jedem Fall. Lyrik kann Empfindungen erwecken, bestätigen, verstärken. Poesie ist der weltweite und zeitübergreifende Code der Feinsinnigen. Sie ermöglicht, etwas von dem zu erkennen, was all die Abgestumpften nicht mehr wahrnehmen können. Poesie erschafft Fragen, schärft die Sinne für unsere Zukunft und ist daher unverzichtbar.

15. Stellt man die mit der Liliencron-Dozentur ausgezeichneten Werke und Autoren nebeneinander, erhält man eine grosse Bandbreite von Schreibweisen und Poetiken. Ihre Gedichtbände hingegen mischen alle möglichen Stile und Genres – man findet visuelle Poesie genauso wie Haiku oder Erzählgedichte. Wollen Sie sich nicht entscheiden?

Ich bin ein Meister im Zulassenkönnens. Was kommt, das kommt. Ich habe kein Programm, sondern gehe dahin, wo meine Ideen mich hinhaben wollen. Das ist dann auch für mich beim Schreiben spannend. Weil ich nicht weiß, was passiert. Nicht selten bin ich selbst über mich überrascht, von einem Ausdruck, der aus meiner Dunkelheit, meiner Tiefe kommt. Und es ist auch ein tröstlicher Gedanke, dass all die Gedichte, die ich in den letzten dreißig Jahren geschrieben habe, so etwas wie mein emanzipiertes Tagebuch sind. Alles was mir widerfahren ist, was mich ausmacht, steckt darin. Für jetzt – und für die Zeit, die nach mir kommt. Es bleibt etwas von mir, wenn ich nicht mehr bin. Und die, die etwas von mir haben wollen, können etwas über meine Zeit hinaus von mir bekommen. Meine Dichtung ist mein Geist.

16. Sie sind kürzlich als ordentliches Mitglied in die Deutsche Akademie für Sprache und Dichtung aufgenommen worden. Ruft der Kanon?
Bisweilen schnuppere ich an den bunten Nebeln der Kanonisierung. Und ich muss zugeben: Sie riechen sehr gut.

17. Welcher der anderen Liliencron-Dozenten steht Ihrem Schreiben am nächsten?
Die Gedichte von Doris Runge (das Knappe), Dirk von Petersdorff (das Alltägliche), Ulrike Draesner (das frei Blitzende) begleiten mich schon sehr lange und ich ziehe großen Gewinn aus der Lektüre. Doch ich lasse mich auch nur zu gern auf die alljährlich kredenzten neuen Dozenten ein – und halte während des Vortrags meinen Notizblock auf dem Schoß.

18. Und Ihrem Herzen?
Meine Vorliebe gilt den künstlerisch aktiven Dichtern. Schreibt nicht Paul Klee die schönsten Titel zu seinen Bildern? Poetische Handstreiche, die mich inspirieren. Oder der Schotte Ian Hamilton Finlay, der so wunderbare Text/Bild-Objekte von edler Einfalt und stiller Größe schuf. Oder eben der frei spielende Kurt Schwitters.

19. Welchen Rat geben Sie jungen Lyrikerinnen und Lyrikern?
Verbinden Sie sich mit der Moderne, sie sucht das Originelle. Bilden Sie Netzwerke mit Gleichgesinnten. Besuchen Sie Lesungen von anderen Lyrikerinnen und Lyrikern; danach haben Sie deren Stimme für die Restlebenszeit in ihrem Ohr und Sie werden deren Gedichte auch anders lesen. Lesen Sie sich Ihre Gedichte beim Schreiben laut vor.

20. Und zum Schluss: Bei Ihrer Poetikvorlesung stand ein gelbes Bierfass auf dem Katheder. Was hatte es damit auf sich?
Ich wollte eines meine beiden künstlerischen Grundprinzipien verdeutlichen. Das erste ist: Kleine Dinge groß machen. Das zweite ist: Dinge zusammen zu bringen, die nicht zusammen gehören, letztlich

das Prinzip der Collage. Im Vergegenwärtigen des Reclam-Bierfasses wollte ich zwei mir wichtige Wirkmächte vereinen: zum einen das Bier, das für den Rausch steht, der mir beim Schreiben wichtig ist, denn Poesie zu erzeugen hat auch etwas mit Kontrollverlust zu tun – zum anderen die Farbe Reclamgelb, die für kanonisierte Literatur steht und mir den Weg weist. Da will ich hin.

Lob des Fragens

20 Fragen von PeterLicht

PeterLicht wurde um die Jahrtausendwende zunächst als Musiker wahrgenommen. Sein erstes Album Vierzehn Lieder *(Motor Music, 2001) und der Sommerhit »Sonnendeck« machten ihn vor allem einem jungen Publikum bekannt. Seitdem hat Licht seine Poetik stetig erweitert. Er schreibt Gedichte wie Prosa, ist als Dramenautor sehr erfolgreich und hat eine Kolumne in der SZ. PeterLichts Texte stellen Fragen, manchmal ganz konkret:*

1. WIE VIELE GEHEIMNUMMERN HABEN SIE?

2. WOHER NEHMEN SIE IHRE PASSWÖRTER?

3. HABEN SIE SICH SCHON EINMAL SELBSTVERWIRKLICHT?

4. WIE FÜHLT SICH DAS AN? (TRAURIG? FREI? KOMPLETT? WAS SONST?)

5. WIE STEHEN SIE ZU DEM UMSTAND, DASS NICHT ALLE SO WIE SIE SIND?

6. Was sehen Sie, wenn Sie »Ich« sagen?

7. An welches Körperteil denken Sie, wenn Sie »Ich« sagen?

8. Fernsehen – gibt es oder nimmt es? Sprudeln oder saugen? Beschreiben Sie ihr Gemüt, wenn Sie gerade abgeschaltet haben/gerade angeschaltet haben.

9. Wie oft am Tag denken Sie an Ihren Bauch?

10. Im Internet: Glauben Sie, es ist dunkel da drinnen (in all den Kabeln, Servern und Festplatten)? Oder leuchtet es? Wie sieht es da aus?

11. Existieren Sie noch, wenn Sie schlafen?

12. Haben Sie Rückenschmerzen?

13. Glauben Sie, Energie geht verloren?

14. Haben Sie sich schon einmal selbst abgeschafft?

15. Wie oft in Ihrem Leben?

16. Glauben Sie, Schallwellen gehen verloren oder sammeln sie sich irgendwo (z. B. irgendwo im Universum)?

Wird man sie irgendwann wiederfinden? Wo? Was wird man hören?

17. Glauben Sie, Sie haben wirklich eine Wahl?

18. Wie fühlt es sich an, am Anfang eines neuen Jahrtausends zu stehen? Mühselig?

19. Wie sonst?

20. Können Sie sich von einem Menschen trennen?

Die DozentInnen

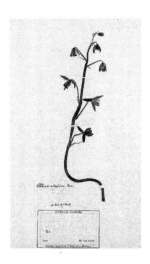

1997
Doris Runge

Poesie als Gegenweltentwurf

Schreiben ist Sammlung, das kreative Gegenteil der Zerstreuung. Schreiben ist Zurückgehen, Zurücksehen – Zurückhorchen. *Ich suche ein unschuldiges Land*, lautet der Titel einer Gedichtsammlung des Dichters Giuseppe Ungaretti. Die Suche nach diesem unschuldigen Land, die Suche nach der Restitution des Verlorenen steht für Glück, die Vergeblichkeit, es zu finden, für den Schmerz. Die Sehnsucht hält das Verlorene lebendig, der Schmerz gibt der Sehnsucht die Worte. Das Wort: Jeder Schriftsteller dient diesem Dämon, lust- und leidvoll zugleich.

Doris Runge: »Poesie als Gegenweltentwurf«. In: Heinrich Detering, Michael Roesler-Graichen (Hg.): Die Kieler Liliencron-Dozentur für Lyrik. Doris Runge, Raoul Schrott, Dirk von Petersdorff. Kiel 1999, S. 13-19, hier S. 18.

FLIEGEN

meine flügel ließ ich dir
du rupftest sie
für unser daunenbett
nun träume ich nachts
vom fliegen
Doris Runge: »fliegen«. In: jagdlied. Stuttgart 1985, S. 7.

BITTERMANDELMELODIE

Tochter eines Keks- und Zwiebackfabrikanten zu sein, erscheint wie ein wahrgewordener Kindheitstraum. Als dieser für die zehnjährige Doris Runge zerplatzt, flieht ihre Familie aus der DDR. Später ist sie nur wenige Jahre nach ihrem Studium in Kiel als Lehrerin tätig, bevor sie 1970 nach Ibiza zieht. Doch als die Hippiezeit dort ihre Leichtigkeit verliert, verliert die Insel nach sechs Jahren auch wieder Doris Runge. Seitdem bewohnt sie das ›Weiße Haus‹ in dem kleinen Ort Cismar. Nach der Flucht nach vorne scheint sie in der stillen Idylle angekommen zu sein. Und dennoch schwingt in ihren Worten stets ein sehnsüchtiger Blick nach hinten mit.
Vgl. Doris Runge: zwischen tür und engel. Gesammelte Gedichte, ausgewählt und mit einem Nachwort von Heinrich Detering. Stuttgart 2013.

LESEZEICHEN

Einen Blick aufs Meer mag man kaum einfassen können. Worte und Farben können ihm kaum gerecht werden. In *küste* (in: *jagdlied*) ordnet Doris Runge wenige Worte untereinander, reimt sie miteinander. Sie beschreibt das Meer wie es heute ist. Runge wertet nicht. Sie beschönigt auch nicht. Doch tut sie mit ihren bittersüßen Worten meiner Sehnsucht nach dem Meer keinen Abbruch.

Gesa Mentel

1998
Raoul Schrott

Ein Sich-Realisieren, Zeile für Zeile

So, wie sich die Literatur also ihre Dichter erfindet, so setzt das Gedicht erst ein Ich, ja, ersetzt es fast – nicht umgekehrt. Es konturiert es über seine Dinge, ihre Wahrnehmung, die Form und die Worte, die es einsetzt, um einen Mittelpunkt zu bestimmen; es konstruiert ein Ich, mein Ich, im Schnittpunkt seiner Perspektive und konstituiert es in der Sprache. Kein privates Beiseitetreten also, sondern ein Sich-Realisieren, Zeile für Zeile.

Raoul Schrott: »Die Kehrseite der poetischen Münze« (1999). In: Handbuch der Wolkenputzerei. Gesammelte Essays. München/Wien 2005, S. 51–58, hier S. 51f.

Graukogel

das kar · windholz auf dem jährigen schnee dürr und
zerstückelt · borstgras · in der leere die einem einsturz
vorausgeht raffen die wolken das gebirge zusammen
und die sonne zeichnet die schatten um in die fallinien
der nacht · jeder schritt weiter auf diesen tafeln zielt
auf eine mitte · aber das auge täuscht sich über fernen
abstand und höhe · was in der faltung des horizonts
sichtbar wird ist tage unbestimmt weit weg · [...]

Raoul Schrott: »Graukogel« (Auszug). In: *Tropen. München/Wien 1998, S. 79.*

Über einen Liliencron-Dozenten und einen Champion of the World

Raoul Schrott spielte zu Beginn seiner Karriere gerne mit seiner Biografie. So behauptete er beispielsweise, auf einer Atlantikpassage nach Brasilien geboren worden zu sein, eine kleine Unwahrheit, die es auch in das Programmheft der Liliencron-Dozentur 1998 schaffte. Fragen nach Person und Werk sowie der Rolle des Dichters verbinden Schrott und Liliencron. In einem Vortrag über diese Problematik zitiert Schrott den Kieler: Vom »Bauchredner« bis zum »Champion of the World« übernimmt er dabei dessen (augenzwinkernde) Selbstcharakterisierung vom Dichter als Entertainer in einer Reihe mit zwielichtigen Jahrmarktsfiguren.

Vgl. Raoul Schrott: Handbuch der Wolkenputzerei, S. 17 und 30.

Lesezeichen

Raoul Schrotts Texte handeln keineswegs nur von Ichs und Sichs, im Gegenteil. Ein schönes Beispiel dafür sind seine haikuesken »Korollarien« aus dem Band *Tropen* von 1998.

Birger Niehaus

1999
Dirk von Petersdorff

KONTINGENZ BEWUSST SCHREIBEN

Doch wenn man davon ausgeht, dass die Zufälligkeit der Gestalten unter der Sonne kein Ende findet, dann braucht man eine Form, welche die Vielfalt der Stimmen nicht verleugnet sie alle reden läßt, in ihrer Fülle, und doch jenes Gefühl erzeugt, wonach Gedichte verlangen, heimisch zu sein. [...] Ein solches Gedicht würde den Blick für Formen erweitern, in denen Leben sich organisiert, würde vorführen, was Kontingenz bedeutet und wie der Wort-Klang Kontingenz in einem glücklichen Moment beruhigt, den Zwang der Bedeutung auflöst.

Dirk von Petersdorff: »Reim und Kleid«. In: Heinrich Detering, Michael Roesler-Graichen (Hg.): Die Kieler Liliencron-Dozentur für Lyrik. Doris Runge, Raoul Schrott, Dirk von Petersdorff. Kiel 1999, S. 35-46, hier S. 41 f.

TABLETTE IM WASSERGLAS

Sie sinkt und perlt, von Blasen ganz
besetzt, und sprudelt stark, bewegt
das Wasser, schäumend weiß, ein Tanz –
Bis sie zerfällt, der Sturm sich legt.
Chemie, die jeder kennt:
Das Wasser ist die Welt,
die Tablette aber nennt,
wie es euch gefällt.
Dirk von Petersdorff: »Tablette im Wasserglas«. In: Bekenntnisse und Postkarten.
Gedichte. Frankfurt am Main 1999, S. 25.

KUNST UND WISSENSCHAFT

Dirk von Petersdorff hat 1995 in seinem Geburtsort Kiel seine Dissertation mit dem Titel *Mysterienrede* vorgelegt. Von Petersdorff erschließt darin die geistesgeschichtlichen Kontexte, die die Identitätsbildung der frühen romantischen Literatur formiert haben. Die literaturwissenschaftliche Auseinandersetzung mit der Romantik und weiter gefasst mit der literarischen Moderne gegenüber der als Moderne bezeichneten gesellschaftlichen Entwicklung seit dem 19. Jahrhundert begleitet bis heute seine wissenschaftlichen Publikationen.
Vgl. Dirk von Petersdorff: Mysterienrede. Zum Selbstverständnis romantischer Intellektueller. Tübingen 1996.

LESEZEICHEN

Zum Genuss der eindringlichen Lyrik des Autors empfehle ich das Gedicht »Die Blinden« aus dem Debüt *Wie es weitergeht* (Ffm. 1992, S. 77).

Florian Biedermann

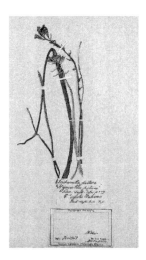

2000
Thomas Rosenlöcher

Freiheitsanspruch

Es ging immer darum, etwas zu finden, was man nur selber hat, die eigene Sprache zu behaupten in einer sich nivellierenden Welt. Den Moment zu finden, in dem man das Gefühl hat: Jetzt spreche ich selber. Das hat einen Freiheitsanspruch.
Thomas Rosenlöcher im Gespräch mit Niels Beintker. Kulturjournal des Bayrischen Rundfunks vom 23. Juli 2017.

Der Mensch

Er sitze auf der Bank vor seiner Laube,
den Regenbogen häuptlings hingestellt.
Mit Laub und Äpfeln rings bestückt die Bäume,
Gänseblümchengezwitscher tief im Gras.

Indes der Wurm des umgebrochenen Beetes
den Kopf erhebt und stumm herüberblickt.
Sich fragend, ob der Mensch denn ewig lebe.
Silberne Tropfen falln ins Wasserfaß.

Thomas Rosenlöcher: »Der Mensch«. In: Ich sitze in Sachsen und schau in den Schnee. 77 Gedichte. Frankfurt am Main 1998, S. 103.

Politische Natürlichkeit

Natur und Politik. Zwei Themenfelder, die auf den ersten Blick keinen eindeutigen Zusammenhang vermuten lassen. Doch der Dresdener Thomas Rosenlöcher verbindet diese mit ironischer Leichtigkeit, indem er in seinen Texten auf politische Missstände hinweist und seiner Liebe zur Natur Ausdruck verleiht. Auch außerhalb seines lyrischen Schaffens widmet sich Rosenlöcher diesen Themen und beweist mit seinem körperlichen Einsatz für eine Alleebuche politisches Engagement. Der Lyriker kettete sich mit weiteren Aktivisten an die »Problembuche«, um die Fällung des Baums zugunsten des Baus der Waldschlößchenbrücke im UNESCO-Welterbe des Dresdener Elbtals zu verhindern.

Vgl. Karin Großmann: Ein kleiner Jubel und ein Hieb auf den Kopf. In: Süddeutsche Zeitung vom 29. Juli 2017.

Lesezeichen

Ich empfehle »Gartenarbeit« (aus dem Band *Ich sitze in Sachsen ...*), da das Gedicht einen Perspektivwechsel andeutet. Arbeit wird hier mit der Fähigkeit verknüpft, Dingen bewusst ihren Lauf und ihre Freiheit zu lassen.

Maike Koch

2001
Harald Hartung

Vers-Techniken zur Regel

Es kann uns nun nicht mehr um simple Alternativen gehen wie ›freier‹ oder ›gebundener‹ Vers, sondern um das Verhältnis von ganz unterschiedlichen Versen und Vers-Techniken zur Norm, oder wie ich [...] formuliere, zur Regel. Denn die Regel ist nicht das oktroyierte Gesetz, das man repressiv nennen und ablehnen muß, sondern die überkommene oder ad hoc gefundene Vereinbarung zwischen Dichter und Gedicht, getroffen mit dem Blick aufs Vorhandene, aber auch aufs Künftige.

Harald Hartung: »Wiederkehr der Formen. Zum Formproblem in der aktuellen Lyrik« (1984). In: Lothar Jordan, Axel Marquardt, Winfried Woesler (Hg.): Lyrik – Blick über die Grenzen. Frankfurt am Main 1998, S. 122-135, hier S. 125.

Du möchtest eigene Fische schuppen

statt in der Bar der Rue Mouffetard
zu fragen nach dem Großen Ganzen
statt mitten in den Fremdengruppen
aus Milbertshofen und Dakar
vorm Kaufhausfenster Mozartpuppen
zu sehen und wie Affen tanzen
Harald Hartung: »Du möchtest« (Auszug). In: Jahre mit Windrad. Gedichte. Göttingen 1996, S. 56.

Kritikopoet

Harald Hartung hat sein Lebenswerk der Lyrik gewidmet. So ist es die Poesie, die sein Schaffen als Essayist, Kritiker, Dichter und Gelehrter jahrzehntelang bewegt. Seine Doppelbegabung, eigens zu dichten und zugleich Lyrik zu erforschen, beflügelt dabei seit jeher sein schöpferisches Wirken. Er selbst nennt sich einen »Kritikopoeten« – eine »Personalunion als Lyriker und Essayist«. Die Gedichte sind daher vor allem Auseinandersetzung mit poetischen Formen, dem dichtenden Handwerk und dem Spiel mit Silben und Versen. Zugleich offenbaren sie seinen Blick für das Gewöhnliche und sein Streben das »Wirkliche als Wirkliches zu fassen«.
Vgl. Harald Hartung: Die Sache der Hände. Eine schüchterne Erinnerung. In: Merkur 600 (1999), S. 324-331.

Lesezeichen

Ich empfehle Harald Hartungs Gedicht »Zu den Akten« aus seinem Gedichtband *Jahre mit Windrad*, da es wie ein Augenblick ist, der auf faszinierende Weise vertraut und undurchsichtig zugleich erscheint.

Yvonne Hallmann

2002
Dagmar Leupold

Literatur bietet eine Möglichkeit zu reisen

Literatur bietet [...] eine Möglichkeit zu reisen, ohne sich vom Fleck zu bewegen, eine Möglichkeit, die ich als sehr aufregend empfinde. [...] Literatur dient natürlich auch der Erkenntnis und dient auch der Information, wie das ein Reiseführer auch macht. Aber Literatur hat eben den ganz, ganz großen Vorzug, dass wir, wenn wir lesen, wirklich Erfahrungen machen. Und das ist für mich nichts Sekundäres, sondern etwas ganz Primäres.
Gabi Toepsch: Dagmar Leupold im Interview. Alpha Forum im Bayrischen Rundfunk vom 25. Oktober 2013.

Blick aus dem Arbeitszimmer

Am blauen Tisch
auf den blauen Stühlen
sitzen zwei Leser
die nackten Füße zwischen
Löwenzahn und Tausendschön
und warten auf
das Stichwort

Dagmar Leupold: »Blick aus dem Arbeitszimmer«. In: Byrons Feldbett. Gedichte. Frankfurt am Main: 2001, S. 42.

Nur Erfundenes ist wahr

Erst als Dagmar Leupold Deutschland verlässt, um als Übersetzerin und Deutschlehrerin in Florenz zu arbeiten, entdeckt sie ihre Liebe zum lyrischen Schreiben. Bewegung nimmt im Leben der Autorin einen wichtigen Stellenwert ein. Sowohl in ihren lyrischen Werken als auch in ihren Prosatexten erscheint die Mobilität neben Liebe und Trauer als wiederkehrendes Motiv. Dies spiegelt sich ebenso in Leupolds Vorlesung anlässlich der Liliencron-Dozentur zum Thema »Stoffwechsel« wider: »nur Erfundenes ist wahr« – mit dieser Aussage zeigt die Autorin auf, inwieweit Lyrik das Reisen in jedwede Richtung ermöglicht und Fiktion zur Realität werden lässt.

Vgl. Peter Czoik: »Dagmar Leupold« [Art.]. In: www.literaturportal-bayern.de

Lesezeichen

Ich empfehle das Gedicht »Nach der Jahrtausendwende« (in: *Byrons Feldbett*). Es kontrastiert das Ritual des persönlichen Neubeginns des Menschen beim Jahreswechsel mit dem rücksichtslosen Umgang der Gesellschaft mit der Natur.

Maike Koch

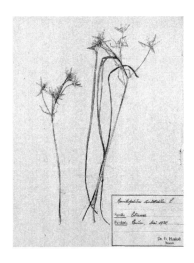

2003
Ilma Rakusa

Impressionen

Ein Set von Bildern, Gedanken ist parat und verlangt, in eine Form gebracht zu werden. In Formen. Es kommt zu einem ersten Versuch, zu einer ersten Fassung, zu einer zweiten, zu einer dritten, zu einer vierten. [...] Elemente werden vertauscht, variiert, durch neue ergänzt, Akzente verschieben sich, aber der Kern (der Impression) bleibt der gleiche. Dieser Kern liegt allen Ent-faltungen und Aus-formungen zugrunde; solange sein Potenzial nicht ausgeschöpft ist, sieht sich die Sprache in seiner Pflicht, buchstabiert sie ihn neu.
Ilma Rakusa: Farbband und Randfigur. Vorlesungen zur Poetik. Graz/Wien 1994, S. 32.

Limbo (III)

That's it, I say.
My sky fell on the street.
Und Schweigen.
Wo ortet sich das Wort
wenn Kopf und Herz entzwei ich meine nirgends
und in den Straßen Londons eine andre geht an deiner Seite

Ilma Rakusa: »Limbo (III)« (Auszug). In: Love after Love. Acht Abgesänge. Frankfurt am Main 2001, S. 39 f.

Reibung

Für die in der Slowakei geborene und in der Schweiz aufgewachsene Schriftstellerin Ilma Rakusa ist Mehrsprachigkeit nicht nur inhaltlich, sondern auch formal ein Thema. Dabei setzt sie Sprache häufig dialektisch – sowohl als trennendes als auch verbindendes Element – ein. Deutlich wird dies in ihrem Gedichtband *Love after Love*. Das Motiv der Entzweiung, welches die acht Liebesgedichte durchzieht, spiegelt sich im Changieren zwischen deutscher und englischer Sprache wider. Diese Reibung erzeugt dabei eine Spannung, die mehr ist als die Summe ihrer Teile.

Lesezeichen

Wir empfehlen das Gedicht »Lament« aus dem genannten Band *Love after Love*. Durch die Aufzählung der Ortsnamen wird exemplarisch die Wiederholung von Formen deutlich, die Ilma Rakusas Arbeitsweise auszeichnet.

Ines Lenkersdorf, Jil Sahm

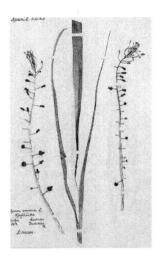

2004
Oskar Pastior

Wahnsinnige Erkenntnisdinge

All diese Spielregeln wende ich an, um neue Dinge entstehen zu lassen. Die Soundpoetry liegt mir näher. Andererseits ist unsere ganze Bildung buchstabenbestimmt. Warum ist A der erste und Z der letzte Buchstabe im lateinischen Alphabet? Im griechischen, im kyrillischen Alphabet ist das anders. Wenn ich meine Gewichtungsregel anwende, A wiegt eins, B wiegt zwei usw., kommt man auf wahnsinnige Erkenntnisdinge. ›Danksagung‹ wiegt 99. ›Baudelaire, du‹ wiegt genau so viel wie ›Harmonie du soir.‹

Tanja Lieske: »Jedes Gedicht ist eine neue Wirklichkeit«. Interv*iew mit Oskar Pastior. In: www.welt.de vom 22. Oktober 2006.*

O DU ROHER IASMIN

ein velvet opus brevis argonaut mit crisis
aquarien quer u. felsen in coupees voran sich
an miras leoniden sausen torflusspolster durst
veratec-laxe quirle moegen gnu u. volatil es

quer voran coupees aquarien sich in felsen u.
o muccovaro! – ein flegmon im feuerofen quillt
u. laxe quirle moegen gnu veratec volatil es
die gruemsel eutern colibrise postamente cator

Oskar Pastior: o du roher iasmin. 43 intonationen zu ›harmonie du soir‹ von charles baudelaire. Wien 2002, S. 17.

Organisierte Formexperimente

Pastiors literarische Heimat liegt bei den Oulipiens, die sich als Autorenkreis der Erkundung und Dokumentation selbst auferlegter formaler Zwänge verschrieben haben. Oskar Pastior ist seit seinem Tod im Oktober 2006 für seine Abwesenheit bei den monatlichen Sitzungen des Autorenkreises entschuldigt. Der hier abgebildete Auszug aus *o du roher iasmin* zeigt als Anagramm des französischen Gedichtes »Harmonie du soir« von Charles Baudelaire die Umsetzung einer ›oulipotischen‹ Technik. Im dazugehörigen Gedichtband klingt die Identität Pastiors als Übersetzer an, der etwa für seine Übersetzung der Literatur des russischen Futuristen Velimir Chlebnikov bekannt ist.

Lesezeichen

Die Lyrik Pastiors entfaltet in besonderer Weise ihre Wirkung durch den Vortrag des Autors. Ich empfehle deshalb die *o du roher iasmin* beigelegte Audio-CD.

Florian Biedermann

2005
Ulrike Draesner

Etwas Verkapseltes

Gedichte [halten] auf etwas, auf jemanden zu [...]. Dieses Wort ›zuhalten‹ in seiner ganzen Doppeldeutigkeit finde ich sehr schön. Zuhalten, sich auf jemanden hin bewegen, aber zuhalten auch als etwas schließen. Ich halte etwas zu. Diese Mehrfachbedeutung passt sehr gut [...] auf etwas, das viele Menschen als Leser oder Hörer von Gedichten erleben, nämlich, daß sie das Gefühl haben, es kommt etwas Verkapseltes an. Es spricht mich zwar an, aber ich stehe auch vor einem Gefäß, bei dem ich nicht recht weiß, was ich damit tun soll.

Ulrike Draesner im Gespräch mit Christian Schlosser. In: Deutsche Bücher. Forum für Literatur 4 (2005), S. 269-287, hier S. 269.

SALAT

wenn sich auftut die rasche breite des fliegenden
sees. So weich so verbindlich auf dem gaumen am
morgen der ölige pelz – sole. zellen in formation.
subkutan sternen – scheinen – auf den lebtag.
zellsalz membrangängig, denkt stolz: l-a-s.
grüne augen vor seechen. »seele« im fenster
als glas.
Ulrike Draesner: »salat« *(Auszug). In: berührte orte.* München 2008, S. 61.

MIT GEWASCHENEN AUGEN

Um Gedichte schreiben zu können, müsse man sich in einen anderen Wahrnehmungszustand versetzen, sagt Ulrike Draesner. Dieser Bewusstseinsmodus, der die Lyrik von der Prosa unterscheidet, bewirkt eine gewisse Verschlossenheit. So sind Gedichte komprimierte Erfahrungen, die alle Sinne ansprechen können. Mithilfe ebensolcher lyrischer Codes möchte die Autorin die Sichtweise ihrer LeserInnen verändern, damit sie ihre Umgebung wie mit »gewaschenen Augen« neu wahrnehmen können. Denn dies ist es auch, was sie selbst an der Lyrik fasziniert: Nachdem sie ein Gedicht gelesen habe, erscheine ihr ihre Umgebung intensiver.
Ulrike Draesner: ERFINDUNG. 3. Vorlesung im Rahmen der Liliencron-Dozentur Kiel, 15. Juni 2005. (Manuskript)

LESEZEICHEN

Ulrike Draesner schreibt neben Lyrik auch Romane, Erzählungen und Essays. Interessant sind vor allem die Künstlerbücher, die in Kooperation mit bildenden Künstlern entstanden sind, zum Beispiel *Die Teiche des Königs* (Witzwort 2011).

Irena Schön

2006
Michael Lentz

Ist Schweigen Literatur?

Man spürt den Impuls, weiterlesen zu wollen/müssen. Das Schweigen ist aber integraler Bestandteil des Gedichts. Es ist sozusagen die Strophen des Gedichts. Die Buchseite ist, bis zu der das Schweigen unterbrechenden Schlusszeile [...], leer: carte blanche. Um die eigene Irritation aufzuheben, zähle ich schweigend langsam bis sechzig. Das Schweigen muss ein Maß haben. Ist Schweigen peinlich? Das überlegt man sich dann. [...] In der Geschichte der Poesie wird so viel über das Schweigen gesprochen. Also schweigen. Sprichwörtlich. Nämlich tatsächlich.

Michael Lentz: Textleben. Über Literatur, woraus sie gemacht ist, was ihr vorausgeht und was aus ihr folgt. Frankfurt am Main 2011, S. 32 f.

ICH HABE MICH NUN LANGE MIT DEM TOD BESCHÄFTIGT

und bin zu keinem schluss gekommen
Michael Lentz: »Ich habe mich nun lange ...«. In: Aller Ding. Gedichte. Frankfurt am Main 2003, S. 113.

Innenspannungsschweigen

Michael Lentz kann reimen. Er verzichtet aber auch gerne mal darauf. Er dichtet klangvolle Sonette. Er schreibt kryptische Anagramme. Ohne Probleme spielt er die Klaviatur der Vers- und Reimformen rauf und runter. Selbst Gedichten bestehend aus Einwortsätzen vermag der Lautpoet Rhythmus zu verleihen. Für ihn sind geschriebene und gesprochene Sprache kaum voneinander zu trennen. Seine Gedichtbände sind die Theorie, seine Hörbücher und -spiele und Lesungen die praktische Umsetzung dieser. Dabei wird Lentz gerne sehr ausladend, energisch und laut. Zwischendurch schweigt er dann auch mal wieder.

Lesezeichen

Mit »ich bin dein« (in: *Offene Unruh*. Ffm. 2010) meldet sich ein Gedicht selber zu Wort. In wenigen Versen wird die liebevolle, aber auch unbeständige Beziehung eines Textes zu seinem Verfasser eingefangen. Es ist keine Klage, doch eine Sehnsucht ist zu spüren. Ein Liebesgedicht muss nicht immer von zwei Menschen handeln.

Gesa Mentel

2007
Brigitte Oleschinski

PoETISCHES POTENTIAL

Form erzeugt Welt, Welt erzeugt Form, und immer geht der Prozess durch eine Dichterin, einen Dichter hindurch, das ist nunmal der Kern aller Poesie. [...] Poesie ließe sich heute vielleicht ganz simpel übersetzen in: die sprachlichen Selbermacher. Was die Selbermacher machen, die Gedichte, ist nur ganz da in dem Augenblick, indem sie gehört, gelesen, wahrgenom- men werden. [...] Die Autonomie der Gedichte liegt einzig darin, dass sie den Konflikt zwischen Struktur und Bedeutung nicht einseitig auflösen können. Das allerdings ist ihr wichtigstes Potential.
Brigitte Oleschinski: Zur Zukunft der Poesie – und was sie, vielleicht, mit der zeitgenössischen Lyrik zu tun hat. Vorlesung im Rahmen der Liliencron-Dozentur Kiel, 20. November 2007. (Manuskript)

Das leuchtende Mädchen, das

durch die Vorabendstadt fährt, vernieselter Asphalt, noch
    Stoppelränder, noch Tank-
flecken, Teerfallen, geschirrtuchkleine

Grundstücke, es trägt seine Brille nicht, weil das Mofa
den Weg weiß, das Mofa

sieht alles

Brigitte Oleschinski: »das leuchtende Mädchen, das«. In: Geisterströmung. Köln 2004, S. 25.

Erfahrung zweier Welten

Brigitte Oleschinski studierte Politikwissenschaft an der Freien Universität Berlin. Sie promovierte mit einer Arbeit zur deutschen Gefängnisseelsorge von 1918 bis 1945 und arbeitete als Zeithistorikerin zu Fragen der politischen Repression in totalitären Systemen. Die Konfrontation mit den dunkelsten Seiten der deutschen Vergangenheit rief ein Gefühl der persönlichen Gespaltenheit in der Wissenschaftlerin hervor. »Die Gedichte fingen da an, wo das wissenschaftliche Denken an Grenzen stößt. Diese Grenzüberschreitung war innere Notwendigkeit.« Vor diesem Hintergrund versteht Brigitte Oleschinski Gedichte weniger als Spiegel privater Befindlichkeiten, sondern vielmehr als ein Forschungsinstrument zur Ergründung des Unentdeckten.

Vgl. Sabine Tholund: »Die Gedichte wissen mehr als ich«. In: Kieler Nachrichten vom 21. November 2007.

Lesezeichen

Das Gedicht »zunehmender Krieg« (in: *Geisterströmung*) führt beispielhaft das Zusammenwirken von Politologie und Lyrik vor Augen.

Emma Göttle, Cara Turkowski

2008
Marcel Beyer

Schärfung des Fremdsprachengehörs

Wortbedeutung und Textverständnis sind unter anderem ortsabhängige Größen. Und weit davon entfernt, vor Gedichten kapitulieren zu wollen, in denen ferne Landstriche aufscheinen, kann ich Gedichte als Werkzeuge zur Schärfung des Fremdsprachengehörs begreifen – und zwar durchaus innerhalb einer Sprache. [...] Mein Deutsch findet sich in keinem Wörterbuch. Mein aktiver und passiver Wortschatz verändert sich bereits, indem ich Ortswechsel vollziehe, sei es, daß ich Bedeutungsverschiebungen nachvollziehe, sei es, daß sich mein Lexikon verschiebt.

Marcel Beyer: Mein Deutsch. Lexikon und Gedicht. Vorlesung im Rahmen der Liliencron-Dozentur Kiel, 18. November 2005. (Manuskript)

GRAPHIT

Draußen ganzjährig
Runkelrübenäckerweiten
Ein Broich. Ein Busch. Ein
Rath. Da und dort ein Paar

Pappelzeilen. Hier aber: Wie er
seine Schneekatze durch die
Eiswelt jagt, den Räumschild
im Blick, die Fräse im Rücken
Marcel Beyer: »Graphit« (Auszug). In: Graphit. Gedichte. Berlin 2014, S. 7.

WANDLER ZWISCHEN SPRACHRÄUMEN

Marcel Beyer hat bis zu seinem siebten Lebensjahr in Kiel gelebt. Eigenen Aussagen zufolge musste er sich nach dem Umzug ins Rheinland »nicht nur an einen anderen Tonfall gewöhnen, sondern auch an veränderte Wortbedeutungen« (In: *Mein Deutsch*). Aus seiner Zeit in Kiel sind ihm einige Worte in Erinnerung geblieben. Bei dem Ausdruck ›Kieler Förde‹ klingt bei ihm mehr als eine Ortsangabe an: Es öffnet sich ein sprachlicher Raum, der bestimmte Assoziationen hervorruft. Mit seinem von Ortswechseln beeinflussten Wortschatz fließt die eigene Biographie in die Texte mit ein.

LESEZEICHEN

Ich empfehle das Gedicht »Im Genick« (In: *Erdkunde*. Köln 2002), da es sehr ausdrucksstarke Bilder von natürlichen Dingen wie Schnee, Strandhafer und Treibholz aufnimmt und durch das Einbringen von menschengemachten Dingen wie Anoraks und Autoreifen eine Gegenüberstellung von Natur und Kultur vornimmt.

Vivian Sester

2009
F. W. Bernstein

Sinn im Gedicht?

Früher, als die Leute noch von Hand reimten, gab es diese Tüftler. Es wurden gar nicht so selten Langformen gebaut [...]. Was mußte früher sich alles fügen und stimmen und Sinn ergeben. Heute, wo die Sinnvorräte zur Neige gehen, sollten wir sparsamer mit diesem Zeug umgehen. Wörter dagegen gibt es genügend, und falls beim unvorsichtigen lyrischen Umgang doch mal Sinn frei wird, muß man's halt wieder dichten, das ist Berufsrisiko.

F. W. Bernstein: »Schüttelreime«. In: Die Gedichte. München 2003, S. 326-329, hier S. 326f.

ÜBER LYRIK

Wenn einer zu Ihnen spräche
's gäb jede Menge Sinn
unter der Reimoberfläche –
hören Sie gar nicht hin!

Lyrik lehrt nicht; Lyrik lallt
Hier gibt's nichts zu verstehn
Nur geringer Sinngehalt!
Bitte weitergehn.
F. W. Bernstein: »Über Lyrik« (Auszug). In: Die Gedichte. München 2003, S. 307.

ELCHKRITIKER

»Die schärfsten Kritiker der Elche / waren früher selber welche« – Auf seinen wohl bekanntesten »Tierzeiler« angesprochen, erläutert Bernstein in einem Interview dessen Ursprung: Doch keine tiefgründige Gesellschaftskritik verbirgt sich hinter dem eingängigen, lyrischen Wortwitz. Allein dem »reinen Reimunfug« während einer langen Autofahrt seien diese Zeilen geschuldet. Und so wird Bernsteins subtiler Humor aus dem Moment heraus geboren, einzige Bedingung ist der selbst auferlegte Reimzwang. Bei aller Preisung des Nonsens bewegt sich der Lyriker, Zeichner und Mitbegründer der Neuen Frankfurter Schule keineswegs im sinnfreien Raum, wie seine zahlreichen fein beobachteten Karikaturen aus dem Alltag beweisen.
Interview mit F. W. Bernstein im Rahmen der Verleihung des Deutschen Karikaturenpreises 2011. www.deutscherkarikaturenpreis.de

LESEZEICHEN

Von Tiergedichten bis zu Szenarien eines nahenden Weltuntergangs überzeugt der selbsternannte ›Reimwerker‹ mit seiner scharfen Beobachtungsgabe und oft unvorhersehbaren Pointen. Dabei ist das lyrische Werk Bernsteins untrennbar mit seinen humorvollen Karikaturen verbunden.

Katharina Schönherr

2010
Franz Josef Czernin

Durch Poesie in die Wirklichkeit

Die Sprache, so will mir [...] scheinen, kann das Letzte und das Erste, das Wort im Anfang und am Ende sein. Dazwischen soll sich, wie ich glaube, eine Poesie entfalten, die die gesellschaftlichen wie die natürlichen Kräfte so durchdringt, dass diese zu sich, und das heißt eben: zur Poesie kommen. Denn in der Poesie erst kann vollends offenkundig werden, dass das Lesen [...] ein okkulter, namentlich telepathischer und, wie ich hinzufügen möchte, ein uns in die Wirklichkeit transfigurierender Vorgang ist.

Franz Josef Czernin: Rede anlässlich des Eintritts in die Deutsche Akademie für Sprache und Dichtung, Darmstadt 2008. www.deutscheakademie.de

RAND

nimm dann die
wie die andere hand
und hau sie in die dritte rein,
und sieh! das wirft den kopf allein
hinein ins tiefe meer;
und horch! da stirbts gebein,
und der ort ist plötzlich leer.
Franz Josef Czernin: »Rand«. In: staub.gefässe. München 2008, S. 41.

Der aufsässige Czernin

Wer dem deutschsprachigen Literaturbetrieb schon einmal gezeigt hat, wie man ihn unterlaufen kann, den sollte man sich genauer anschauen! Franz Josef Czernin, 1952 geboren, hat mit Ferdinand Schmatz zusammen in den Achtzigerjahren scheinbar im Ernst besonders schlechte Gedichte an den Residenzverlag zur Veröffentlichung geschickt. Prompt wurden die Reisegedichte als *Die Reisen. In achtzig Gedichten um die Welt* publiziert. Die ironisch-kritische Auseinandersetzung Czernins mit dem Literaturbetrieb wird kurz darauf im passenden Band *Die Reise. In achtzig flachen Hunden in die ganze tiefe Grube* im Literaturverlag Droschl aufgedeckt.
Vgl. Wolfgang Straub: »Camouflage des Skandals«. In: Andrea Bartl, Martin Kraus (Hg.): Skandalautoren. Würzburg 2014, S. 147-163, hier S. 152 ff.

Lesezeichen

Ich empfehle die Beschäftigung mit dem Zyklus »mit stengel. variationen« (in: *staub.gefässe*). Sie werden in experimentelle Lyrik einbezogen. Wie verstehen Sie die Varianten?

Elena Kruse

2011
Nora Gomringer

Klang

Bei meinem Schreiben ist zugleich das Sprechen der Texte sehr wichtig. Überhaupt ist mir der Klang sehr wichtig. [...] Also bei mir ist es ein Liebesverhältnis zur Sprache. [...] [Sprechtexte] sind Texte, die ganz gezielt mit der Intention geschrieben und aufgeschrieben wurden, vorgetragen zu werden. Sie lassen sich mit einer besonderen Leichtigkeit sprechen. [...] [Es] liegt an meiner Leidenschaft, die sehr im Prosodischen angesiedelt ist. [...] Der Text erschließt sich durch das, was man mit ihm macht: Man soll ihn sprechen.

Kathrin Wimmer: »Gefährlich und gefährdet: Das Wort. Nora-Eugenie Gomringer im Gespräch mit Kathrin Wimmer«. In: Andrea Bartl (Hg.): Transitträume. Beiträge zur deutschsprachigen Gegenwartsliteratur. Augsburg 2009, S. 407–425, hier S. 411 und 415.

Gedichte

Gedichte sind Gefechte
Auf weißen Seiten
Oder Tierhäuten
Ausgetragen

Die von Verdichtung
Und Ausdünnung
Sprechzeugnis ablegen
In aller Kürze

Nora Gomringer: »Gedichte«. In: Mein Gedicht fragt nicht lange. Dresden/Leipzig 2011, S. 154.

Gelesen und gehört

Die Autorin Nora Gomringer prägte und entwickelte eine Kategorie von Lyrik: die »Sprechtexte«, die mit der Intention geschrieben sind, vorgetragen zu werden. Ihren Ursprung haben diese in Gomringers Erfahrungen aus der Poetry-Slam-Szene, deren Popularität in Deutschland entscheidend durch sie vorangebracht wurde. Sie schafft damit einen weiteren Zugang zu zeitgenössischer Lyrik, der unterstützt wird durch Hör-CDs, die jeder Gedichtsammlung beiliegen. Damit begegnet sie auch ihrer eigenen Angst, Lyrik sei uns zunehmend unbekannter geworden, da Gedichte oft fremd daherkämen. Sie schafft es, die visuelle Sinnlichkeit ihrer akustischen ebenbürtig wirken zu lassen.
Vgl. Peter von Matt: »Poesie für alle Sinne. Vorwort«. In: Nora Gomringer (Hg.): Mein Gedicht fragt nicht lange. Dresden/Leipzig 2011, S.10f.

Lesezeichen

Das Gedicht »Ungesagtes« aus dem Band *Silbentrennung* (Düsseldorf 2002) hat sich mit eindringlichen Bildern und einem mahlenden Rhythmus in mein Innerstes gearbeitet.

Cara Turkowski

2012
Heinrich Detering

DIE ERSCHWERUNG DER FORM

Die Erschwerung der Form, durch die Setzung einer selbstauferlegten künstlerischen, also künstlichen Regel, der man sich freiwillig unterwirft, diese Erschwerung der Form beginnt ja schon mit der Entscheidung, überhaupt ein Gedicht zu schreiben. Einen Text in Versen, statt in gewöhnlicher, automatisierter Alltagsrede. Und die Erschwerung der Form setzt sich fort in jedem Zug dieser Gedichte selbst. Aber erst, indem man sich das Reden so künstlich schwer macht, macht man es manchmal überhaupt erst möglich. Das ist das Wunderbare.

Heinrich Detering: A Poem Is a Naked Person. Vorlesung im Rahmen der Liliencron-Dozentur Kiel, 4. Dezember 2012. (Manuskript)

Mitte März

das Autohaus Elmshorn ist abgerissen
der Winter ist vorbei das Wasser steigt
ich lasse mir, was kommt, im Ungewissen
Toyota geht der Tag hat sich geneigt

ab jetzt verliert der Frühling sein Aroma
ab jetzt weht hier der Wind nur noch von vorn
es ist jetzt wohl halb fünf in Oklahoma
es ist jetzt keine Zeit mehr in Elmshorn

Heinrich Detering: »Mitte März«. In: Wrist. Gedichte. Göttingen 2009, S. 69.

Ich bin Lyriker und das ist auch gut so!

Zwischen seinem ersten Gedichtband *Zeichensprache*, den Heinrich Detering als Gymnasiast veröffentlicht, und seinem zweiten Band *Schwebstoffe* vergehen 25 Jahre. In der Zwischenzeit studiert und promoviert er und habilitiert sich schließlich mit einer Schrift über Homosexualität in der Literatur. Sein ›Coming-out als Lyriker‹, wie Detering es selbst beschreibt, fällt in die Zeit der Gründung der Liliencron-Dozentur, deren Initiator er ist. Seitdem behauptet er sich erfolgreich als dichtender Literaturwissenschaftler mit diversen Veröffentlichungen und Ehrungen gegen das negative Image einer ›Professorenlyrik‹.

Lesezeichen

Gedichte sind für Detering Ausdruck der Memoria. Ein interessantes Beispiel hierfür ist das Gedicht »Requiem für eine Seekuh« aus dem Band *Old Glory* (Göttingen 2012).

Nikolai Ziemer

2013
Arne Rautenberg

ENTGRENZTES POETISIEREN

Obwohl ich schon immer danach [...] geschrieben habe, ist mir erst in den letzten Jahren bewusst geworden, dass es mein lyrisches Programm ist, keines zu haben. Dass eben das entgrenzte Poetisieren mein großes Abenteuer und eine Riesenchance ist. Einfach jedwede lyrische Programmatik über den Haufen werfen und: machen, tandaradei! [...] Wichtig ist mir nur: dass ich Gedichte schreibe, in denen ein, in denen mein Feuer brennt – und ich hoffe dennoch, etwas zum Lodern zu bringen. Mission Poesie.

Arne Rautenberg: »Wo bitte ist Ihr Lyrikregal?«. In: Frankfurter Allgemeine Zeitung vom 09. März 2015.

JAHRTAUSEND-KONJUGATION

ich habe das feuer entfacht
du hast dich vor dem sturm in sicherheit gebracht
er sie und es sind eingeregnet
wir sind uns im schnee begegnet
ihr habt euch hinter dem eis versteckt
sie werden später im gletscher entdeckt

Arne Rautenberg: »jahrtausend-konjugation«. In: mundfauler staub. Berlin 2012, S. 5.

Die gelbe Brille

Arne Rautenberg hatte sich 1992 eine Brille mit gelben Gläsern anfertigen lassen und eröffnet, diese nun ein ganzes Jahr tragen zu wollen, um sich später an jene Zeit als »das gelbe Jahr« zu erinnern. Ein Scherz? Sein Freund Christopher Ecker zweifelt bis heute. Durch die Gläser dieser gelben Brille nimmt Rautenbergs ästhetisches Programm Konturen an. Um den Kern der spontanen Idee herum spinnt er in einem Akt schöpferischen Chaos sein Gedicht. So verwandelt er ›den Ernst des Lebens‹ in »dar ernst dis lobuns« und eine bedrohliche Phrase mit erhobenem Zeigefinger tänzelt leichtfüßig auf dem Papier und zwinkert uns schelmisch durch fünf Vokale hindurch zu. Wortartistik, Formenspiel und Nachdenklichkeit sprechen aus Rautenbergs Gedichten.

Vgl. Christopher Ecker: »Von der fröhlichen Zertrümmerung der Erwartung. Gedanken zu Arne Rautenbergs Lyrik«. In: Littera Borealis. Edition zur zeitgenössischen Literatur im Norden 13 (2013), S. 4-12, hier S. 4f.

Lesezeichen

Das Gedicht »emma«, aus dem Kinderlyrik-Band *der wind lässt tausend hütchen fliegen* (Köln 2010), ist als Netz lautlicher Symmetrie wunderbar präzise geknüpft und erweckt in mir als Namensträgerin den Wunsch, dieses liebevolle Stück Poesie sei für mich geschrieben worden.

Emma Göttle

2015
Monika Rinck

Träumende Wirklichkeit

Ich würde ja immer sagen, dass Gedichte realistisch sind. Das Irreale gehört dazu. Wir sind es doch gewohnt zu träumen. Ich weiß gar nicht, warum wir da einen so reduzierten Wirklichkeitsbegriff haben.
Ruth Bender: »Lyrik mitten in der Wirklichkeit«. Interview mit Monika Rinck. In: Kieler Nachrichten vom 4. November 2015.

MEIN DENKEN

ich hab heute mittag mein denken gesehen,
es war eine abgeweidete wiese mit buckeln. wobei,
es könnten auch ausläufer bemooster bergketten sein,
jener grünfilzige teppich, den rentiere fressen.
nein, einfach eine rege sich wölbende landschaft jenseits
der baumgrenze, und sie war definitiv geschoren.
die gedanken gingen leicht schwindelnd darüber

Monika Rinck: »mein denken« (Auszug). In: zum fernbleiben der umarmung. Berlin 2007, S. 73.

Im Fluss

Mit Schärfe und Humor erzählen Rincks Gedichte von den Ungereimtheiten der Welt und verarbeiten sie zu Assoziationsflüssen, die sich mal mäandernd, mal reißend den Weg durch die Gedankenlandschaft bahnen. Durch die Willkür des Gedankenstroms bedingt, löst sich die gewohnte Verbindlichkeit von Sprache in bildreichen Strudeln aus Gedankenfetzen auf. So entsteht eine Lyrik, die eine fremde und doch vertraute Wirklichkeit zeigt und dabei die Sicherheit des Verstehens nimmt. Stattdessen fordert Rincks Lyrik heraus, das Denken durchwirbeln zu lassen und derart den Fluss der eigenen Gedanken anzuregen.

Lesezeichen

Ich empfehle zum Einstieg in Rincks Werk die Gedichte »was herzen lernen« (In: *zum fernbleiben der umarmung*) und »es war vorbei« (In: *Verzückte Distanzen*. Springe 2004).

Susanne Motsch

2016
Elke Erb

Selbstständigkeit von Kunst

Du bist nicht einfach Ich, und das Andere ist Umgebung. Du kannst auch das Verhältnis zwischen dem Ich und seiner Umgebung sein. Denn jedes Mal, wenn du ›ich‹ sagen willst, ist es doch sofort weg. Und: Gedichte sind nicht Mittel zur Selbsterkenntnis. Sie sind selbstständige Lebewesen. Man hat ihr selbstständiges Wesen zu erkennen und zu verwirklichen in ihnen, nicht sich selbst. Die ganze Energie beim Schreiben richtet sich auf sie.

Elke Erb: »Das Thema ›Wende‹ ist beendet«. In: Sybille Goepper, Cécile Millot (Hg.): Lyrik nach 1989. Gewendete Lyrik? Gespräche mit deutschen Dichtern aus der DDR. Halle 2016, S. 106-125, hier: S. 110 f.

Seltsam

Ich las Korrekturen nachts, fand:

Ein munteres Auf und Ab.
Als begleite ein Lachen wie Licht
den Report

und Licht wie Regen, so rege
wie jener, der auf dem Balkon die Fliesen betanzt,
aus der Dachrinne auch, der verstopften,
tropft, die sich Birken pflanzt.

*Elke Erb: »*Seltsam« (Auszug). In: *Gedichte und Kommentare. Leipzig 2016, S. 174.*

Aus Kommentar wird Kunst

Bei Elke Erb steht am Anfang ein Gedanke, der erst im Laufe der Zeit zu einem Gedicht heranwächst. Der langjährige Schreibprozess wird häufig durch Notizen und Selbstkommentare abgerundet, in welchen sie den Raum hinter den Versen eröffnet. Diese sind keine bloße Erklärung, vielmehr fungieren sie als eine Fortführung des Werkes an sich. Da Erb selbst als Übersetzerin tätig ist, kennt sie die Herausforderung, die Ausgangsbedeutung des Originals nicht zu verfälschen. So hat sie für eine Übersetzung ihrer Gedichte in das Slowenische zu ausgewählten Versen Erläuterungen verfasst, die wiederum in einem Sammelwerk (vgl. *Gedichte und Kommentare*) veröffentlicht wurden und sich damit wie selbstständig zu einer eigenen Kunstform entwickelt haben.

Lesezeichen

Als weitere Leseempfehlung möchte ich »Viel zu selten versteht man etwas« nennen, ebenfalls aus dem erwähnten Sammelband *Gedichte und Kommentare*, in dem Elke Erb den Hintergrund des Scheiterns einer neuzeitlichen Liebesgeschichte beleuchtet.

Jil Sahm

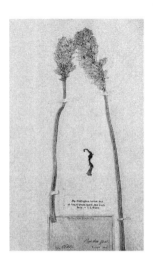

2018
PeterLicht

Das ›Papier‹

Der gesamte Literaturbetrieb ist auf einem Material aufgebaut, das sich selbst zerfrisst. Das ist wunderschön. Denn darin spiegelt sich der große Vollmond der Harmonie, der immer dann aufscheint, wenn Form und Inhalt ihre ideale Entsprechung gefunden haben. Das Papier ist die weiße Fläche, auf die das kritische Zeitalter gesetzt ist. Ohne Papier keine Kritik. Worauf sollte man sein ›Nein‹ denn setzen? (Auf eine olle Schallwelle?). Das Papier hat das allumfassende Phänomen der Kritik erst möglich gemacht.
PeterLicht: »Typologien zur Literatur. Das ›Papier‹«. *In: Lob der Realität. Berlin 2014, S. 186.*

WAS BLEIBT IST DIE ENTSCHEIDUNG:

trennen oder bleiben?
es gibt keine ganze Antwort auf die halbe Frage
es gibt Kaputtheit
das Ende der Kritik ist die Antwort ohne Sinn
was bleibt ist ein ziehender Schwarm
und eine weite Linie am Horizont
PeterLicht: »Der letzte Tote des grossen Krieges« (Auszug). In: Lob der Realität. Berlin 2014, S. 39.

CLOSE THE GAP

Der als »Gesellschaftstheoretiker unter den Popkünstlern« (FAZ) bekannt gewordene PeterLicht oszilliert mit seinen Texten, ob Song, ob Prosa, ob Lyrik, stets an der Grenze der jeweiligen Gattung. Die Leichtigkeit der Form steht dabei im Kontrast zum meist systemkritischen Inhalt und überwindet allein deswegen schon Grenzen, indem sie die Leerstelle zwischen Pop und Diskurs schließt. Die Auslassung des Leerzeichens zwischen seinen Künstlervor- und Zunamen ist hierbei ebenso symbolisch wie der Name an sich: Bevor Licht auf Materie trifft und dabei sowohl absorbiert, reflektiert oder gestreut werden kann, muss es Strecke zurücklegen und dabei auch die eine oder andere Grenze überwinden.

LESEZEICHEN

Ich empfehle »Sag mir, wo ich beginnen soll« (in: *Lob der Realität*). Anders als man vermuten würde, steht das Gedicht am Ende des Buches. Zugleich schlägt es inhaltlich einen Bogen zu einem titellosen Text am Anfang des Werkes. Das Ende verweist also auf den Anfang und umgekehrt.

Ines Lenkersdorf

Literatur- und Bildnachweise

Die Gedichte Liliencrons sind zitiert nach: Detlev von Liliencron: *Ausgewählte Werke*. Hg. von Walter Hettche. Kiel: Wachholtz Verlag 2009.
PeterLicht: »Lob des Fragens« (Auszug). In: PeterLicht: *Lob der Realität*. Berlin: Aufbau Verlag 2014, S. 146-150. © Aufbau Verlag GmbH & Co. KG, Berlin 2014. Mit freundlicher Genehmigung.
Die Abbildungen der Liliengewächse entstammen dem *Herbarium Universitatis Kiliensis* und wurden uns freundlicherweise von Herrn Dr. Martin Nickol (Botanischer Garten, Kiel) zur Verfügung gestellt.
Das Covermotiv hat Ines Lenkersdorf erstellt unter Verwendung von: Hans Olde: *Detlev von Liliencron*. Lithografie. 19.84 x 18.73 cm. Um 1898. Los Angeles County Museum of Art. (Public Domain)

Dank

Die Sonderausstellung und der vorliegende Katalog verdanken ihre Entstehung der großzügigen finanziellen Unterstützung durch den Freundeskreis Literaturhaus Schleswig-Holstein e. V., die Brunswiker Stiftung sowie das Ministerium für Soziales, Gesundheit, Wissenschaft und Gleichstellung des Landes Schleswig-Holstein. Dank gebührt daneben allen BeiträgerInnen dieses Bandes, in erster Linie den ehemaligen DozentInnen, die bereit waren, ihre Erinnerungen zu teilen: Doris Runge, Heinrich Detering, Dirk von Petersdorff und Arne Rautenberg. Ruth Bender war so freundlich, ihre journalistische Sichtweise einzubringen. Dr. Wolfgang Sandfuchs, Professor Dr. Bernd Auerochs, Professor Dr. Kai Bremer und Dr. Ingo Irsigler haben das Projektseminar wie die Entstehung von Ausstellung und Band mit Rat und Tat unterstützt. Herrn Dr. Martin Nickol ist für seine schnelle und unkomplizierte Bereitstellung der Abbildungen zu danken. Ines Lenkersdorf war an diversen Arbeitsschritten beteiligt und hat, wie auch Gesa Mentel, Teile des Manuskripts lektoriert. Dem Aufbau Verlag ist für die Abdruckgenehmigung des Textes von Peter-Licht zu danken. Der Verlag Ludwig war bezüglich des engen Zeitplans sehr entgegenkommend. Zu danken ist schließlich allen TeilnehmerInnen des Projektseminars, die durch ihr Engagement einer vagen Idee Kontur verliehen haben.

TAFEL DER FÖRDERER UND BETEILIGTEN INSTITUTIONEN

Stiftung